WEICHENGNIANREN TIYAN JIAOYU DE
SHIJIAN YU TANSUO

未成年人体验教育的实践与探索

主　编：李　林（湖北省教育考试院）
彭　亮（武汉江南技术学校）
副主编：李友巍（湖北中医药大学）
唐晓军（武汉理工大学）
李　涛（武汉职业技术学院）
虞　静（湖北幼儿师范高等专科学校）

華中師範大學出版社

新出图证（鄂）字10号

图书在版编目（CIP）数据

未成年人体验教育的实践与探索/李林，彭亮主编. —武汉：华中师范大学出版社，2021.5

ISBN 978-7-5622-9299-9

Ⅰ.①未… Ⅱ.①李… ②彭… Ⅲ.①青少年教育—研究 Ⅳ.①G775

中国版本图书馆CIP数据核字（2020）第271029号

未成年人体验教育的实践与探索

©李 林 彭 亮 主编

编辑室：综合编辑室 **电话**：027-67867370

责任编辑：张 忠 **责任校对**：骆 宏 **封面设计**：胡 灿

出版发行：华中师范大学出版社有限责任公司

社址：湖北省武汉市珞喻路152号 **邮编**：430079

销售电话：027-67861367/1549 **传真**：027-67863291

网址：http://press. ccnu. edu. cn **电子邮箱**：press@mail. ccnu. edu. cn

督印：刘 敏 **印刷**：武汉市洪林印务有限公司

开本：710 mm×1000 mm 1/16 **印张**：8.5 **字数**：167千字

版次：2021年5月第1版 **印次**：2021年5月第1次印刷

定价：42.00元

欢迎上网查询、购书

敬告读者：欢迎举报盗版，请打举报电话027-67867358

序

未成年人体验教育是当代社会背景下教育研究的重大课题。国外有着各种各样的未成年人体验教育的探索，而我国的未成年人体验教育则是刚刚起步，对于未成年人体验教育的探讨是远远不够的。已有的经验亟待总结，存在的问题迫切需要解决。这些工作做了许多，但并不令人满意。最大的问题是对未成年人体验教育的研究多停留在表层、局部，缺乏深入的系统的理论研究，实际教育工作者在呼吁未成年人体验教育理论。

深入研讨未成年人体验教育理论，是促进我国未成年人体验教育健康发展的前提和关键。我们如果不对未成年人体验教育的理论基础与社会基础、历史与现状、本质与特征以及实践策略和原则加以系统的探索，那么未成年人体验教育的实践就难以健康发展，就难以结出丰硕的果实。探索未成年人体验教育的理论，对于推进我国的教育改革有着不可低估的作用。

未成年人体验教育是一个综合性的课题，对这个问题的研讨，将有助于人们重新去认识教育的本质、功能、目标，教育的原则及方法。本书的宗旨是从理论和实践两个层面来研究和探讨未成年人体验教育，力求建立起比较系统、比较科学的未成年人体验教育模板。具体而言：①阐明在当前实施未成年人体验教育是必然的，也是可能的，坚定人们对未成年人体验教育的信念；②揭示未成年人体验教育的本质和内涵，使人们对未成年人体验教育有较高的层次、较清晰的理解；③研究实施未成年人体验教育的基本思路，即分析研讨若干领域的改革与建设问题，为人们实施未成年人体验教育提供若干建议。

本书的特点包括：第一，探索性，以研究问题为中心，力求解决一些问题，而不是泛泛地讨论；第二，具有较强的理论性，把问题提升到理论层次来研究，不是简单的罗列或经验的描述；第三，力求构建比较严密的理论体系，围绕基本的概念和问题，合理地构建和展开全书；第四，内容的综合性，广泛涉及未成年人体验教育的历史与现状、未成年人体验教育理论与实践，还涉及社会政治、经济、文化等多种社会领域和科学领域；第五，注重联系实际，史论统一，广泛讨论现实教育中存在的问题，吸取已有的成果，目的在于推动教育实践的进步。

总体上说，未成年人体验教育是一种重视人的体验与全面发展的教育。未成年人体验教育把“体验”作为教育的一种方法与途径，让受教育者通过事先设计的有目的的活动来丰富自身的体验，并在体验过程中感悟人生、反思自身、获取知识、促进发展；也让教育者在体验教育活动中积累许多的教学经验，完成整体教学改革的思想转化，对我国的教育改革有着极大的促进和启发意义。秉承这一思想，本书主要从两个方面进行了建设：一是未成年人体验教育的思想理论建构，主要是对体验教育中的教育者思想和受教育者思想作以“体验”为中心的转变，以及对学校基于“体验”的课程思路改革；二是对就体验教育思想理论建构作出的机构和机构运行的创建。从而系统地回答什么是未成年人体验教育，以及怎样建设未成年人体验教育的问题，让未成年人体验教育既有思想理论上的认知，又有实践机制上的运行。进而对整个体验教育的发展作一个全方位的、科学合理的创建，同时以此来促进我国未成年人体验教育发展长效机制的形成。

由于未成年人体验教育是一种创造，还是正在发展、完善过程中的教育改革实验，学者对于一些理论和实践问题尚未完全达成共识，正在探索和研究之中，至今也还没有一个大家公认的、比较科学的理论体系。因此，本书所阐述的观点，使用的概念、原理和所构建的理论体系，只是一家之言，难免有些偏颇。限于我们的思想和业务水平，还请同行及广大的专家学者批评指正。我们愿意同大家一道在探索中学习，在实践中完善，在改革中创新，为创建更完整的未成年人体验教育理论体系而共同努力！

目　　录

引　言

今天，体验教育已经被提升到我国教育实践的重要位置，足以说明体验教育的重要意义和现实价值。我国体验教育是在政治体制改革和市场经济发展新形势下提出的，也是在总结共青团和少先队几十年的优秀传统和基本经验的基础上提出来的。实施体验教育，对于我国的青少年儿童在新的历史条件下更好地完成党和国家赋予的神圣使命，进一步加强青少年儿童的思想道德教育，推动青少年儿童教育理论的发展，有着积极的意义。

回首传统教育不由得让人有些遗憾，我们身为传统教育下的一辈，在为自己所拥有的大量的间接知识而感到自豪的同时，也为自己在问题面前显得束手无策而感到无奈。我们拥有如此多的知识却不具备相应的能力，拥有如此多的观点却没有自己的观点，这就是传统教育所带给我们的负面的影响。传统的教育在目标上过分地重视受教育者的间接知识的获得；在内容上过分地强调书本知识；在方法上过分地强调灌输、讲授；在对学生的认识上是把学生看作知识的容器而不是具有创造潜能的主体。我国的教育应该改革，改革的目标就是要转变对受教育者的教育方式，把他们看作知识的创造者而不是接受者。学生的学习成长过程并不完全是一个接受外界知识，模仿成人与同伴的过程，而应主要的是一个在与环境相互作用的过程中形成自身的观点，发展自身能力的过程。没有对外界环境的广泛的接触，就不可能有较好的发展。在这个过程中始终离不开受教育者丰富的体验以及其向知识能力的转化。

对于什么是体验教育，怎样开展体验教育，我们作了较为系统的阐述。本书第一章开宗明义地从哲学、心理学、教育学的角度进行分析，并得出体验教育的内涵和特点：体验教育，既是一种活动，也是活动的结果，更是一种心理状态。作为一种活动，即主体亲身经历某件事或某个环境并获得相应的认识和情感；作为活动的结果，即主体从亲身经历中获得的认识和情感；作为一种心理状态，是主体受内外刺激而具有的心境、情绪和情感。作为后者在一定意义上已经将体验上升为本体了。知道了什么是体验教育，我们就对其展开了范围和意义的思考。体验教育的范围是从未成年人在现实生活中的生存环境出发，划分为学校体验、家庭体验、社区体验等，完全覆盖了未成年人日常生活的各个方面，让未成年人时时刻刻都能感受体验之学。对于体验教育的意义，则是从理论与实践两个方面，充分系统地阐述了体验教育对于我国青少年儿童健康发展的社会价值。本书第二章从我国的国情出发，在马列主义、毛泽东思想、邓小平理论及当今中央领导的讲话中寻找体验教育的理论基础，同时也详细地阐述了我国教育事业发展的整个脉络，展现了一个国家及其领导人对于教育事业的高度重视，得到了体验教育的指导思想和理论来源。本书第三章则是从一个全球视野对体验教育作了一个横向回顾，重点介绍了发达国家体验教育的开展情况，同时也为我国的体验教育提供了许多宝贵的经验和方法。而本书第四章则是从一个历史的视角，对我国体验教育作了一个纵向的梳理，为我国当今世界的体验教育寻找到了历史的本源。本书第五章主要旨在建立体验教育的体制和机制，创建一套科学合理的完备体系，促进我国体验教育的蓬勃发展。需要运用这一体制和机制来实施我国的体验教育，本书第六章也就是在说明体验教育在我国具体实施的情况，充分展现了我国体验教育的丰硕成果。本书第七章则是从共青团中央、全国少工委发布的关于《关于动员和组织少先队员在实践中体验的实施意见》（以下简称为《意见》）和胡锦涛同志对未成年思想道德建设的讲话，两个文件中提出的要求，从实际操作层面对体验教育的阵地和队伍建设作了预期上的建构。本书第八章则是对我国体验教育事业从理论到实践的一个全方位的展望。

总结全书，作为以体验为核心的体验教育是一种重视人的体验与全面发展的教育。体验教育把体验作为教育的一种方法与途径，让受教育者通过自己设计的有目的的活动来丰富自身的体验，并在体验过程中感悟人生、反思自身、获取知识、促进发展；也让体验教育的教育者在体验活动中积累了许多的教学经验，完成了整体教学改革的思想转化，对我国的教育改革有着极大的促进和启发意义。秉着这一思想，本书主要是从两个方面进行了建设，一是未成年人体验教育的思想理论建构，主要是对体验教育中的教育者思想和受教育者思想作以体验为中心的转变，以及对学校基于体验的课程思路改革。二是就对体验教育思想理论建构作出的机构和机构运行的创建，从而让未成年人体验教育既有思想上的认知，又有机制上的运行；既有思想上的蓝图，又有将蓝图变成现实的机构，并且还有机构运行的方案，从而将整个体验教育的发展作了一个全方位的系统创建，并形成了我国未成年人体验教育的长效机制。

本书在研究方法上，做到回归生活，体验生活，注重实际活动的研究。努力实现理论思考与实践探索的结合、逻辑与生活的结合、世界视野与本土实际的结合的研究原则，将体验调查法、体验访谈法、实验研究法、文献研究法、哲学研究法等多种研究方法综合运用。

第一章　未成年人体验教育概述

一、体验教育的内涵

（一）体验教育的提出

改革开放后，我国的教育经过几十年的长足发展，取得了举世瞩目的成就，为我国经济的发展培养了大批的人才。我们在为我国的现代教育所作出贡献感到欣慰的同时，也要意识到现代教育对人与社会的发展不和谐、不科学的一面，那就是现代教育过分地强调受教育者对书本知识的接受。在教学形式上，主要表现为以“教师讲授，学生接受”为主要形式，即课本编排什么内容，教师就要讲授什么知识，教师在其中就是被动地讲，而学生就在被动地学，没有丝毫的乐趣，甚至干瘪枯燥。结果就是学生要么就不愿意学，要么就是只有知识而没有行动力，成为书呆子。细想其原因，就是我们过分强调学生知识来源的唯一性——灌输。于是我们的教育造就大批的对知识不能活学活用的人才，讲话或写作时，经常用某某人说过，假如有人在讲话或写文章时经常用“我认为”的字眼，那就被认为是狂妄的，除非你是名人。这也就导致学生对自身没自信，对权威过分敬畏。我们应该认识到，书本知识的作用就是看后让自己形成个人的观点，从而创造新的知识，属于参考书是工具性的，而不是让其对人的行为进行主宰。

我们的教育要想真正达到教育预期，促进人的全面发展，就要千方百计地使学生产生越来越多“自我创造的知识”，把学生作为他们自身知识的主要来源。而他们对书本知识的学习，对自身人生经历的丰富，对社会实践的积极参与，目的就是以其独特的思维方式对所学的书本知识和自身的体验进行加工，以形成个体自我知识。这样才能显示每个人的独特的存在，实现每一个人的真正的价值。为此，我国教育部在2000年7月颁布《基础教育课程改革纲要（试行)》。为贯彻《中共中央国务院关于深化教育改革全面推进素质教育的决定》（中发〔1999〕9号）和《国务院关于基础教育改革与发展的决定》(国发〔2001〕21号)，教育部决定，大力推进基础教育课程改革，调整和改革基础教育的课程体系、结构、内容，构建符合素质教育要求的新的基础教育课程体系。而在其中将体验教育也作为了基础教育课程改革强化的一个重点。在2000年10月23日，共青团中央和全国少工委印发了《关于动员和组织少先队员在实践中体验的实施意见》，决定在全国少先队员中广泛深入地开展以“新世纪我能行”为主题的体验教育活动。体验教育是一种基于学习者自身的活动，是逐步获得感性认知的教育过程和学习过程。从德国的劳动教育运动开始，体验教育作为一种有效的学习方式，在教育界越来越受到重视。我国体验教育是基于青少年儿童教育思想的发展、现行教育中存在的问题以及时代对教育理论更新的要求等多方面的原因提出的。

（二）体验教育的内涵及特点

教育的核心在于使人的生命具有人的地位、人生的意义，并谋求自己人生的幸福。在高度彰显对人的终极关怀的当今社会，“体验”一词频繁地出现在人们的视野与意识活动中。例如“体验经济”“体验营销”“孤独体验”“失落体验”“心体验”“被动体验”“濒死体验”“体验式管理”“体验式广告”等或专业或花哨的词汇强烈地冲击着我们的感官与实践。我国的教育界也掀起了教育改革，且注重加强了体验教育的研究和实践，体验教育在青少年儿童的课改中有着重要的地位。作为教育学意义上的体验教育有着怎样的含义和特征呢？下文将会从体验与教育两个方面详细地阐述，首先阐明体验的含义和特点。

1．体验及其特点

（1）体验的含义

体验是人与自然世界、人与人类世界之间联系的纽带，是个体在亲历的基础上通过内在生命与外在世界的融合所生成的一种存在方式。当代普通心理学一般认为“体验”是指人对情绪或情感状态的自我感受①。刘惊铎认为“体验是一种图景思维活动”②。体验不仅有感官的参与，还有心灵的介入，具有长久性。对体验来说，情绪、情感和认知都是体验发生的重要的内在的基础性因素。体验是情感和理性交融的结晶性产物，主要包括亲验和想验。亲验是指体验者置身于一定的关系世界和生活情境中，经历或受过感动，对自身及其他存在的生存状态及其意义有所体验。想验是体验者通过自己的亲历、感受和观察，在积淀了一定的生活阅历的基础上，借助于别人的表达和自己的想象去领悟表达者的生活阅历、生存状态及其人生意义③。无论是亲验还是想验都倾注了体验者的情感等身心因素，而不仅仅是认知因素或认识活动。我们认为，体验是活动，也是活动的结果。作为活动的体验既包括心理活动也包括行为实践。作为活动的结果，体验是

① 彭聃龄：《普通心理学》，北京师范大学出版社1988年版，第436页。

② 刘惊铎：《道德体验论》，人民教育出版社2003年版，第60页。

③ 刘惊铎：《道德体验论》，人民教育出版社2003年版，第76页。

个体因心理活动和行为实践所引起的对客观事物或自己活动的一种主观感受和情感状态[①]。体验既有认知的成分又有情感的成分，是认知和情感的综合状态。体验可以因心理活动而引起，也可因行为实践而引起。

（2）体验的特点

第一，体验的情感性。体验带有强烈的情感成分，情感是体验的核心。情感有积极和消极之别，主体在积极的体验中会形成对事物、环境等因素的积极态度，达到一种全身心投入；而消极的体验会使主体对事物、环境等因素产生厌恶、排斥的态度。我们需要培养和引导积极、健康的情感体验，要求教师通过一定的教育策略和教育技巧，创设独特的体验情境，促使学生产生积极的、健康的情感，陶冶学生的心灵。

第二，体验的价值性。体验是情感与价值的交融，情感在体验中逐渐升华，价值在体验的情感中产生。体验的结果是二元的，既产生情感且生成价值，两者缺一不可。我们对某物经过了深刻的体验，必会产生个性化的意义，或者形成某种联想、感悟。体验是一种伴随情感反应的价值生成活动。仅有情感而没有产生新的意义和价值，就不能算作体验；仅有意义而没有情感融入，就和单纯的认知活动没有任何的区别了。

第三，体验的主体性。我们再说体验的时候，就会有这样的一个预设，即谁在体验。所以，体验总是因人而异的、个性化的，同一个事物或环境，对于不同的人总会形成不同的体验。体验的主体性同时意味着体验的亲历性。亲历不同于亲身经历，或者不仅仅是亲身经历，它包括实践层面的亲历和心理层面的亲历。实践层面的亲历即主体通过实际行动亲身经历某件事。心理层面的亲历即在心理上虚拟地“亲身经历”某件事，这也就是想验了。如对别人的移情性理解，对自身的回顾与反思。如见到一棵枯树根，不同的人会有不同的感受与体验：根雕艺术家以他的生命经历、艺术经验和体验，将其联想成一件根雕艺术品；舞蹈家则可能由此突发灵感将其联想为一个舞蹈动作；哲学家可能感悟生死问题；等等。可见，因个体的经历、经验不同而形成不同的体验。

2. 体验教育的含义和特点

（1）体验教育的含义

体验教育是以体验为媒介促进学生全面健康发展的一种教育价值观、方法论和教学策略。它强调知识与学习主体互动联系，注重学习者的深入参与，突出人与人、学生与教材的双向交流沟通，不强求整体划一认知，充分尊重个体差异。它突出的不是对知识体系的原封不动的储存，而是强调自我的感悟与发现，是一

① 陈家耀：《体验及其在学生主动发展中的作用》，《重庆教育学院学报》2004 年第1期。

种变书本化为人本化的教育。它所关心的不仅是人可以通过教育获得多少知识、认识多少事物，更在于人的生命意义可以通过教育而获得彰显和扩展。

法国社会学家迪尔克姆最早提出“内化”概念。他认为，“内化”就是社会价值观、社会道德观转化为个体行为习惯。“内化即对象的心理化，实践行为的意识化，实体的主体化，也是心理的对象化”①。内化的基本过程是由他律到自律，从自律到自觉的过程。没有内化就不能真正实现体验教育的目的。对于学生的内化不是强迫就可以实现的，而是需要通过一定的社会实践活动来激发他们，引起他们内心强烈的感受，使他们进行不断的感悟，从而使教育目标得以实现。我们往往对自己听过或见到过的事情由于事过境迁，很难留下很深的印象，但是对于我们亲身经历过的事情，亲身体验的情感则是难以忘怀的，甚至是刻骨铭心的。亲身参与活动是形成体验最重要的途径。

体验教育强调体验者和导引者的共同参与，开放对话，互相激励，协作创新，不断生成新的知识。也就是说体验教育要处理好两个问题：一是教育者和受教育者的地位、作用和相互关系的问题；二是向书本学习和向实践学习的相互关系问题。现代教育学研究表明，要达到好的教育效果，实现应有的教育目标，首先必须重视受教育者的主体地位，要充分认识到受教育者既是教育对象，也是教育主体的双重性特征。因为教育者与受教育者总是处在共同的教育情境中，在共同的交往活动中相互作用、相互教育。与此同时受教育者的发展源动力要靠自我教育、自我提升，才能形成个体独有的内在的精神财富和发展源泉，而这一切都可以通过体验教育来实现。我们相信，通过实践中的体验教育，对于升华青少年儿童的认知发展具有决定性意义。

（2）体验教育的特点

第一，受教育的主体性。我们知道，生活在一个学生群体中的个体都有着各自不同的需要，而且每个人在不同的生活时空中有不同的需要，各种需要又处于不同的等级层次，从而不可避免地造成思想道德的冲突。如何解决这一冲突呢？体验教育给了我们解决的办法。体验教育要求受教育者要从主体的地位出发，自主选择每个个体所需要的思想道德内容，即受教育者将自己视为主体，自主地实现选择适合自己需要的教育内容。教育规律告诉我们，无论是知识的获得，还是品德的形成，都需要受教育者发挥主体性，自己努力全身心地投入学习中去。教师所做的一切只是外因，而受教育者所做的是内因，外因要通过内因才能发挥作用。体验教育正好给了受教育者主体地位，充分尊重受教育者在体验活动中的自主学习，他们不用外力驱使，而是高度自觉、主动地投身于相关的实践活动中，

① 冯契主编：《哲学大辞典》（修订本），上海辞书出版社 2001 年版，第 1050 页。

使获得的体验入心入脑，真正扎了根，留下终生难忘的印象。

第二，教育内容的可接受性。众所周知，多年来我国中小学德育存在一个突出的弊端，就是教育内容脱离学生的生活实际，说假话，说大话，说空话，因而缺乏实效性。与学生的生活差距太大，就很难被学生认知，很难让学生产生情感共鸣，学生也就没有兴趣投入学习中去，从而无法完成应有的教学目标。而体验教育则不一样，强调教育必须源于对学生发展的需要，真正做到主体的发展需求决定教育内容。这种以学生需要为教学内容的教育，必将受到学生的喜爱，能够激起学生学习的兴趣，而兴趣又是学生自觉行为的动力。这样就完成了从被动学习向主动学习的转变。我们还要对这一转变中的学生兴趣加以引导，而引导的过程就是教育的过程。正确的引导要从教育内容的选取开始，要使这些内容更加贴近学生的生活，包含着他们动心的环节和喜闻乐见的方式。

第三，教育效果的知行统一性。体验教育要达到的最终目的就是要实现认知和行为的有机统一。对学生的思想道德教育，重点就是要注重主体参与和内心体会。如果仅仅停留在将知识传授给学生通过考试，那么教育也就失去了应有的意义。决定教育成效的关键是受教育者是否能够完成内化过程，也就受教育者是否能够把知识通过内化，形成自己的观念和意识。将“知道的”变成“自己的”，自然也就成了“自觉的”。

二、体验教育的理论依据

（一）体验教育的哲学依据

在西方哲学中，尽管不同学派从自身特点出发对体验有不同的阐释，但其主体无非是这样四个层面：生命哲学、哲学中的现象学、哲学中的解释学以及后现代主义哲学。其中，叔本华、狄尔泰、柏格森、胡塞尔、舍勒、海德格尔、达伽默尔、利奥塔等人的思想都凸显了体验之思，反复阐发了体验的价值。这些理论都是我们现在把握未成年人体验教育最有深度的哲学依据。

在生命哲学这里，叔本华提出著名的生命认识论，把认识活动定义为生命体验，而不是“逻辑统一性”。他认为，生命只有在具体的体验活动中才有意义，生命是通过每一个个体的体验而证明存在的，“世界当然不是指理论上可以认识到的世界，而是在生命的进程中可以体验到的世界”[①]。狄尔泰的“体验”与“生命”范畴相通，是构成精神世界的最基本单元。他认为生命的进程是不断延伸、不断推进的“现在”，但“过去”会作为某种力量仍然对“现在”发生影响，并不丧失意义，因而具有统一的生命意义。在“现在”所形成的一个单位，就是

① 费迪南·费尔曼：《生命哲学》，华夏出版社 2000 年版。

最小的单位，他称之为“体验”。如人们观赏一幅画后所得到的整体感受，就是一个体验。狄尔泰认为生命是世界的本原。历史世界第一性的要素就是体验，而主体在体验之中，同自己的环境处于积极、生动的相互作用之中，人通过体验意识到自己在世界中的存在。体验和生命共生，不可分离，体验始终融合在生命运动全过程的整体之中，并持续不断地伴随这种生命运动。反之，人的存在就是人始终是在用自己的整个生命去感悟和体证，通过体验把握自身独特的生命特性，感受生命的意义和价值。现象学的创始人胡塞尔说：“我们把意向性理解为一个体验的特性，即作为对某物的意识。”[①] 著名的现象学美学家梅洛·庞蒂在《知觉现象学》一书中认为知觉是现象学最核心的研究对象。在他看来，只有通过知觉感觉得到的才能体验到，而只有知觉到的才能被把握到。如果人处于知觉和体验之外，那么他就与真理和真理的认识无缘，也就不会有人的真实存在了。

舍勒在《人在宇宙中的地位》一书中，说明了人的精神本质及由此决定的在宇宙中的特殊地位，证明了生命是人存在的原始起点，意味着人原始的完整与和谐。它不是外在地给予的，而是人的存在直接和内在的呈现过程。也就是说，生命不是作为一种自然现象的外在，而是作为反思主体的人内在地体验领悟到的生命，体悟、直觉、反思成为理解和把握生命实在的内因。海德格尔认为，对于人的有限性的体验，不在于其周界、延伸范围，而在于它存在的核心“人的有限性”。存在的意义的设问要经由此在的生存和体验才能领悟。并且在海德格尔这里，所有的事物都被包含在心物一体的体验中，人的生命体现心物一体的体验过程。

《真理与方法——哲学诠释学的基本特征》一书中，加达默尔认为“此在存在的一种体验”就是理解的本质。“如果某个东西不仅被经历过，而且它的经历存在还获得一种使自身具有继续存在意义的特征，那么这个东西就属于体验。”[②] 意思就是说体验不仅是人经历过的某些事，重点在于在经历中获得了某种体悟，或得到某种深刻的生命感受，否则我们只能说他对某些事经历过，没有体验过。他还在谈到美学概念“共通感”时指出，艺术经验的关键是在主体参与下理解活动的具体作用，真正的艺术是源于主体体验的表现艺术，艺术作品就是体验的表现。

在中国传统哲学中，有“内省”“慎独”“体证”等词被看作对“体验”的界定。“慎独”是我国古代儒家创造出来的具有中华民族特色的自我修身教育的方法。其最早在我国的典籍中记载见于《礼记·中庸》第一章：“道也者，不可须

---

① 胡塞尔：《纯粹现象学通论》，商务印书馆 1992 年版。

② 加达默尔：《真理与方法——哲学诠释学的基本特征》，洪汉鼎译，上海译文出版社 1999 年版。

臾离也，可离非道也。是故君子戒慎乎其所不睹，恐惧乎其所不闻。莫见乎隐，莫显乎微，故君子慎其独也。”① 朱子在《大学》中的解释为“所谓诚其意者：毋自欺也，如恶恶臭，如好好色，此之谓自谦，故君子必慎其独也”，又说：“独者，人所不知而己所独知之地也。言欲自修者知为善以去其恶，则当实用其力，而禁止其自欺。使其恶恶则如恶恶臭，好善则如好好色，皆务决去，而求必得之，以自快足于己，不可徒苟且以殉外而为人也。然其实与不实，盖有他人所不及知而己独知之者，故必谨之于此以审其几焉。”②

我们通过西方的哲学对体验的解读归纳为这样一些词汇或思想：直觉、充分经验、活动、意向性、存在经验等等。既有形而上的追问，亦有形而下的建构。在主客二分的视域下谈体验，主体的人去体验客体的世界。时常把体验的某种表现形式当作体验本身，最典型的就是混同于自我经验。而中国传统哲学把体验解读为“内省”“慎独”“体证”，造成了概念的狭窄，内涵与外延是逻辑混乱的，不如西方对体验的研究彻底、体统。但是中西哲学的体验之思，对我们的体验教育的理论形成和现实实践都有着深刻的启示与指导作用。我们可以在体验教育的理论体系建构上应用西方哲学的“体验之思”，而在体验过程中运用中国哲学的“内省”“慎独”“体证”，实现理论与实践的有机结合，发挥体验教育的最大功效，完成对未成年人预期的教育目的。

（二）体验心理学依据

在心理学词典中，未单独给出“体现”释义，而只能看到诸如“情绪体验”“犯罪体验”“失败体验”“成就体验”等心理学词汇。我们仍可以从这些层面探寻中，得到结论，认为“体验”就是源自个体心理活动和行为实践对自身活动或客观事物的主观感受和情感状态，由行为体验和内心体验两个层面组成。行为体验是一种实践行为，是亲身经历的动态过程，是人发展的重要途径。内心体验就是一种内化，将行为体验内化为自己的知识。体验的基本心理过程是感受、体验、觉知、理解、生成，即体验的生成遵循着“感受产生情感—情感促进理解与联想—在理解与联想中产生领悟并生成意义—领悟和意义深化情感反应。①情感促进理解与联想，即情感可以引起人的心理波动。比如，积极的情感能驱动主体对客体进行深入的理解和体认，同时，在积极的情感状态下，人的心理活动较为活跃，可以产生新的想象和联想。②在理解与联想中产生领悟并生成意义，即在对事物进行深刻理解和产生丰富想象后，主体会对其进行取舍以形成与自己相关联的独特意义，使之个人化和生命化。③领悟和意义深化情感反应，即由感受产

① 张文修编著：《礼记》，北京燕山出版社 1995 年版。

② 王国轩译注：《大学·中庸》，中华书局 2006 年版。

生的情感可以促进理解和联想，而领悟和意义的生成反过来又可以深化由感受产生的情感，使之更深刻、更丰富。在体验的过程中，情感的产生和意义的生成是相互促进的。

情感主要体现在情感现象的内容方面，是与社会性需要相联系的情感现象。当我们强调过程和状态的时候，用情绪表示；而当我们强调内容和性质的时候，用情感表示①。情感是一种特殊的意识形式，是个体心理活动中的一个重要环节，对个体的认识、行为等活动有着重要的影响。情感体验是一个精细、独特的过程，道德教育的深刻性与情感体验的细致性是一致的。情感对一个人的行为活动具有驱动、增力或减力的效能。现代情感心理学研究表明，在一定程度上可以把情绪本身当作行为活动的动机。如美国心理学家利珀（R. W. Leeper）就曾明确提出情绪本身就是动机的观点②。我国情感心理学家孟昭兰教授认为："情绪的动机作用并非只体现在对内驱力的放大作用上。人类的高级目的行为和意志行为的驱动作用中，十分重要地包含着情绪因素。"③情感既能使人作出积极行为，也能使人作出消极行为。而且，情感对行为的维持和改变也有重要作用，一个人的行为会因受到积极的情感体验而巩固，也会因受到消极的情感体验而改变。所以，某个活动如果能够给予个体积极的情感体验，它就成为一种富有吸引力的诱因。情感还具有感染性，在一定的条件下，一个人的情感可以感染别人，使别人产生同样的或与之相联系的情感；别人的情感也可以感染自己，使自己产生同样的或与之相联系的情感。"情感共鸣"是主体之间产生情感的交流和互动，成为情感教育的主导因素。引起情感的共鸣是启迪学生心灵的钥匙，是体验教育要求转化为学生自觉行动的催化剂，具有不可估量的作用。有关研究发现，不同性质的情绪感受，会诱发不同性质的人生体验。按照情绪心理学中情感产生及其相互转化的规律，恐惧、害怕容易转化为攻击、仇恨，而安全、信任容易转化为同情和爱。所以，朱小蔓教授建议："我们在道德教育中，一定要给学生提供和谐、安全有序的人际关系和生存空间，以便诱发他们正向的情绪感受和积极的人生体验。"④只有当学生的思想认识渗透着深厚的情感因素时，对事物的认识才深刻，行动起来才更坚定。因此，要重视引导学生进行情感体验。体验心理学认为，与

① 卢家相：《情感教学心理学》，上海教育出版社2000年版。

② 克雷奇等：《心理学纲要》（下册），文化教育出版社1981年版。

③ 孟昭兰：《人类情绪》，上海人民出版社1989年版，第30页。

④ 朱小蔓：《教育的问题与挑战——思想的回应》，南京师范大学出版社2000年版，第303页。

认知因素相比，情感体验主宰着人的内心活动和精神自由；而体验使人的情感世界日趋丰富，走向成熟①。

（三）道德体验教育的教育学依据

约翰·杜威是20世纪西方教育史上最具影响力的教育理论家和教育实践家。“经验”是杜威实用主义的基石。这一概念有二义：一是经验的事物；二是经验的过程。杜威认为，已有的经验是获得新经验的基础，“每种经验既从过去采纳某些东西，同时又以某种方式改变未来经验的性质”②。19世纪末20世纪初，针对学校教育脱离社会生活、脱离儿童生活的弊端，杜威提出“教育即生活”。这个命题又有两个基本含义：一是要求教育与社会生活结合，要求与儿童的生活结合；二是要求教育应体现生活、生长和发展的价值，教育要直接参与儿童的生长过程。“教育即生活”，不仅强调教育要联系现实生活，而且要强调现实生活本身的发展性和教育性。在杜威看来，经验和生活是密不可分的，儿童的发展不可能脱离具体的生活环境。儿童的学习过程实际就是儿童的生活过程，在生活中学习，在学习中生活。教育和生活是融为一体的，“教育是生活的过程，而不是将来生活的预备”③，教育的本质就是生活。杜威主张“从做中学”，就是“从经验中学”。一切真正的教育都是来源于经验的，儿童只有在做中才能求知。“教学应从学生的经验和活动出发，使学校在游戏和活动中才用与儿童、青年在校外所从事的活动类似的活动形式。”④“从做中学”就是让青少年儿童在实践中进行探究性和反思性的学习，从而获取到真正属于自己的知识。杜威尤其强调人的直接经验的获得。他反对传统教育的“教—授”式的学习方式，认为这种方式忽视了学生的个性和个人经验，忽视了学生在生活中的体验。他认为，任何书本都不能代替人的直接经验。教育应真正关心学生的活动，为学生提供一个“从做中学”的环境，把学生的个人经验和社会生活联系起来。纵观杜威的教育思想，可以看出他关注教育过程的生成性，重视儿童直接经验的获得，强调经验中的反思，主张儿童“从做中学”，通过探究性和体验性的活动，建构其知识和思维体系，达到成长的目的。

---

① ［苏］瓦西留克著，黄明译：《体验心理学》，中国人民大学出版社1989年版，第14页。

② ［美］约翰·杜威著，姜文阂译：《我们怎样思维：经验与教育》，人民教育出版社1991年版，第261页。

③ 赵祥麟、王承绪编译：《杜威教育论著选》，华东师范大学出版社1981年版，第4页。

④ ［美］约翰·杜威著，王承绪译：《民主主义与教育》，人民教育出版社1990年版，第114页。

三、体验教育的意义

（一）体验教育的理论意义

传统教育理论过于注重教育的知识传授、技能的训练以及认知发展的意义，忽略了教育对于受教育者的生命意义的发展以及对体验教育的培养。因而本章将对发展体验教育的理论和现实意义进行深入的剖析，来帮助未成年人健康成长。

在当今这个机遇与挑战并存的社会里，人们对教育提出了许多新的要求，使得现有的教育理论在不同层面上面临着严峻的挑战。而体验教育是对教育的现状提出的一种反思和建设。下面主要从哲学、美学、心理学等方面说明体验教育研究的理论意义。

1. 从哲学的角度看

从马克思主义哲学的观点看，体验教育就是在实践中的体验和再认识的过程，就是将实践与认识相统一。因而体验教育中的实践是非常必要的，它是体验教育的基础并对其具有决定意义。体验教育中的实践是把受教育者的主观目的或者说愿望等非客观的东西转化为现实的东西，并使受教育者在现实的情境中获得真实的亲身感受，使得受教育者的目的或愿望实现。另外，实践本身就是一个不断发展的过程，而受教育者作为一个社会人，是不可能脱离一定的社会环境而孤立存在的，因而体验教育也就会伴随着实践的发展逐步向着个人需要的社会方面发展。受教育者在这样的环境中，所感受的东西越来越多，实践的经验也会越来越丰富，其认知水平也就在不断提高，促使其向更高的层面进行体验。马克思主义实践论认为实践是检验真理的唯一标准，体验教育是以实践为基础的，那么体验教育的成败也要经受实践的检验，也就是说，体验教育是否已经达到了预期的教育成效，不是由我们当中哪个人或集体的观点或看法所决定的，而是要回归到现实中去，用实践的结果去检验，在实践中检验受教育者的行为习惯，是否符合教育的要求和准则。总之，实践决定人们在体验教育中的认识，实践也是检验人们在体验教育中成败的唯一标准。相反，认识的不断深化和扩展，也会促使实践的不断探索与创新。因而体验教育中的再认识能促使未成年人积极主动的探索行为。

从伦理学的观点看，体验教育具有将伦理道德内化为个人行为准则的重要意义。首先要说明什么是道德内化。所谓道德内化就是“一个人并不是由于他人、或社会的道德约束力，而是一种动机体验自动的产生于个体的内部，很少和根本没有回忆起其根源，这就叫道德内化”①。科尔伯格曾说：“每一个人从关注（外

① 蒋友梅、胡弼成：《论体验教育与道德内化》，《煤炭高等教育》2005 年第 2 期。

部决定的）行动后果的前道德水平，发展到以群体利益和规则为基础的习俗道德的水平，再发展到自主的原则性的道德水平。在这个发展过程中，个人的道德倾向随着他或她对世界的体验而扩展，认知的（大脑）发展允许这种扩展。”①这也就是说，在体验的过程中，人们将会把潜藏在自己内心的道德感通过具体的活动唤醒，并将这些内在的道德进一步地应用到生活的各个角落。比如说对一个不谙世事的孩子来说，同情是什么意思，他可能解释不了，但当有人被无理打伤时，他自然而然地心里不好受，而这种感受就是唤起了孩子的内心道德感。所以说，体验教育对人们加强道德感有一定的积极意义，对于什么是善，什么是恶，都会有更深刻的体会。而且由于在体验教育的过程中，认知水平的不断深化，人们的道德感也就不断增强。

从直觉主义哲学的观点看：体验教育有助于激发未成年人的创造性。说起直觉主义哲学，不得不提起法国哲学家伯格森，他是生命哲学的重要代表之一，以提倡直觉体验认识论而闻名于世。他认为，哲学上所谓的有价值的东西，都是哲学家应用直觉的产物，所有近代的科学成就也是直觉体验的结果。在 20 世纪，他的思想对我国的学术曾产生过积极的影响，现在我们重读他的直觉体验，对未成年人的教育工作又有新的意义。那么伯格森的直觉体验是怎样发生的呢？伯格森曾对直觉作了明确的定义：“所谓直觉，就是理智的交融，这种交融使人们自己置身于对象之内，以便与独特的，从而是无法表达的东西相符合。”② 这里说的“理智的交融”就是表达一种超出正常的感性、理性之外的内心的体验。所以，在直觉体验中，主体人就完全要沉浸在所要认识的对象之中，主体人和客体事物相互交融，不分彼此。用主体人的感受去感受客体事物的悲喜，也就是给客体赋予生命的意义。不仅如此，他还认为直觉的体验更要强调两者在交融过程中的整合与互动，所体现的特征就是反对程序化、专业化，反对权威与功利，更反对教育过程中的生搬硬套式的学习，所以直觉主义的体验方法在教育上有巨大的意义，我们可以利用直觉体验来与外界交融互动，以此预测我们尚未发现的领域。因而，从教育学来说，直觉体验有助于培养和激发人的创造性，而这种创造性更易于在未成年人的身上发生，青少年的一些小发明、小创造的事例很多。然而直觉体验的方法在我国教育史上长期没有得到重视，主要是传统的应试教育的影响。在人们眼里，认为创造是科学家的事情，所以不论是学校、家庭还是社会，都没有引起广泛的关注。只有近期，人们的思想意识发生了巨大的改变，这样的体验教育的方法才被重视。

---

① 马丁霍夫曼：《移情与道德发展——爱和公正的内涵》，黑龙江人民出版社 2003 年版。

② 伯格森：《形而上学导言》，商务印书馆 1963 年版。

2. 从美学的角度看

在美学中，体验教育就是将主体融入客体之中，达到主体人的自由、健康发展，并使人与人、人与社会达到和谐统一。体验就是审美的体验，就是对生活、生命更为深刻的经验和感受，这种体验的基本要求就是要以一种全身心的方式来感悟、体会对象，体验的过程就必然要和生活、生命联系在一起，但是审美由于是一种优美感或崇高感，所以它又是高于生活的，因而，在审美体验的过程中，主体人不仅要与客体相融合，更可贵的是要在融合的基础上超越主客一体的关系，超越客体单个事物的局限性，而进入万物一体的忘我境界。也就是说，审美体验是在对原始资料认识的基础上的超越。这种超越是不必然与所学习的知识相关的，有时就是在体验过程中对某种灵感的把握与发挥，而自由展示人的某种才能，进而有新的发现或发明，也就是审美体验的创造性意义。正是由于这种创造，人类的历史才被一次次改写，人与万物的关系也在发生着改变。人通过移情，将会更深刻地感受自然环境，感受社会关系，进而对这些作出正确的判断，达到人与自然、人与人、人与社会的和谐统一。在未成年人群中展开体验教育，是在他们尚未形成完整的审美观念之时，对其进行有意识的引导，为将来他们树立正确的审美观奠定一定的基础。

3. 从心理学的角度看

体验教育促使受教育者的知识经验的升华，在现实的经历过程中体现自我的存在。体验在心理学中的主旨就是要实现一种由诸多心理因素共同参与的心理活动。这种活动是与主体人的情感、态度、想象、理解、感悟等心理功能有密切的联系的。在体验的过程中，主体人不仅仅要认识和理解事情，还要在认识的过程中发现事情与自我的关系，并在这种关系中表明自己的情感、态度，发现自己是作为独特的个体而存在的，是与其他的存在物、其他人有所不同的，也就是把个体的自我意识挖掘出来了，使自我在与外界交往中能产生特有的内在体验，这种体验使人在待人处事时有各种不同的观念和行为，能将自己开放地展现在外物的面前，“是使人的可能性与现实性趋于一致，自我与非自我的界限就很模糊，人最接近于它真正的自我，人也获得了最高程度的特异性或个体性、唯一性——他成了他独特的自我、个别化的自我，和其他人不再是可替换的了”①。那么，通俗地讲，这样的体验既会将人的优点显露，又会将人的缺点暴露，这正是一个正常人的表现。而未成年人由于没有正确的认识分辨能力，总是有一种显优点、藏缺点的不正常心理，通过这样的体验活动后，可以使他们以亲身的经历来改变这种错误的心理，从小就能正确认识自我，完善和开发自我。

---

① 辛继湘：《体验教学研究》，湖南大学出版社 2005 年版。

4. 从教育学的角度看

体验教育促使教育的全面健康发展。传统的教育一般采取知识教育的模式，在这种模式中，基本上都是无人的教育学理论，只重视知识教育，不重视情感和生活需要的教育，没有把人看作知、情、意、行相结合的整体的人，教育的过程中只有科学知识在唱独角戏，没有让学生在活动中自己亲身去经历、体会和发现生活的本质，而体验教育正是在弥补这一缺憾，促使教育能全面地、健康地发展，并使受教育者在教育过程中能形成活泼、勇敢、敏感、理智的理想品质。在知与行相结合的过程中，他们的情感得到陶冶，智力得到启迪，可以保存受教育者的独立思想和创造性冲动。同时，在教学过程中，能让学生全面发挥各种感官作用，使学习不再成为一种负担或压迫，而是成为深化个人感受生命、生活的学习，成为受教育者生存的必要方式，这样的学习也会让教育者感受到教育的乐趣，将全身心地投入教育事业，促使教与学的和谐发展。有研究者就提出“整体教育”的理论，其中的观点就是认为教育的目的是通过体验，促进受教育者健全地、自然地成长，而绝不能把教育局限于课堂，不能限定地、片面地、预先嚼烂地将“经验”作为课程天经地义地塞给学生。相反，是要将教育同社会实际生活联系起来，使学生通过实际体验与充满奇妙和惊异的世界进行沟通。

（二）体验教育的现实意义

王一川曾说：“体验，就是以身‘体’之，以心‘验’之。”[①] 即身体力行、亲身实践的意思。体验教育的现实意义正是在于体现体验的这一特征。以下将从个人素质、学校教育、家庭教育、社会教育四个方面进行阐述。

1. 体验教育对未成年人个人素质的提高有重要意义

首先，体验教育使未成年人的身心得到全面的发展。马克思主义认为，人的本质是其具有的社会属性，个人脱离了社会，就不能称其为一个完整的、真正意义上的人。未成年人从一出生就没有脱离社会这个大环境，在这个环境中，未成年人的身心全面发展是很重要的，这对于提高他们的素质起着至关重要的作用。现实中我们国家的教育却一直停留在应试教育的层面，只注重对学生知识层面的教育，而很少触及学生体育、美育、德育等方面的建设，虽然近几年有所改观，但在教育者和受教育者的心里，仍然没有重视身心的全面发展对学生的重大意义。如 2008 年 10 月教育部面向全国的中小学生提出每天坚持跑步的要求后，各地中小学虽然在不同程度上都实施了，但大多数的学生和家长不理解，很多学生也不愿意参加。例如湖北经视在武汉某小学的调查和实际走访中发现，许多小学生能在教师的要求下统一进行跑步，但有些学生由于身体缺乏锻炼，或太胖，或

① 王一川：《审美体验论》，百花文艺出版社 1992 年版。

太瘦，都不能坚持完成跑步所规定的任务；有些学生的家长也不支持，他们的理由就是孩子要么要培优，要么要学习其他特长，总之就是认为跑步是浪费孩子的时间。这一现象估计在全国都是很普遍的，由此也说明我们的教育仍然没有摆脱应试的掌控，因而在此，强调体验的重要，就是要让家长、教师等都认识到体验教育对未成年人所带来的实际的作用，就是要让他们首先有一个健康的身体。而应试的误区也使未成年人对学习的认识有很大的偏颇，有的学生甚至认为学习是一件很痛苦的事情，是父母、教师强加给他们的，他们完全没有意识到和享受到学习带来的快乐，以及生活的美好，反而容易产生心理压力。因而现在在中小学生中有很多让人难以理解的事情，如因和父母、同学吵架而离家出走的，还有因成绩不理想觉得被人瞧不起而自杀的，等等，这些其实就是在折射我们教育中的缺点。现在很多的心理学家、教育学家都关注到这个问题，也通过开展各种活动来让学生正确认识学习和生活，以此来缓解学生的这些心理压力。开展体验教育活动正是让未成年人能用一个正常的心态去对待他人与社会。如广西壮族自治区柳江区拉堡小学在2002年就开展“小主人乡村体验周”活动。主要参与者就是城镇的孩子，特别是独生子女，他们大都娇生惯养，心理脆弱，肩不能挑，手不能提，对农村、农业、农民了解甚少，意志力、耐力也很差。因而组织了“小主人乡村体验周”的实践活动，号召、鼓励三年级以上的学生利用暑假五至七天时间，通过投靠亲戚和“手拉手”方式，到农村参加社会实践体验活动，让学生在参与乡村体验活动中开阔视野，积累生活经验，磨炼意志和品质①。

另外，体验教育有助于未成年人树立正确的人生观和价值观。未成年人的人生观和价值观都还没有彻底形成，很多的社会风气都会影响他们对人生和社会的看法。而且现在的未成年人大多是在学校里学习，对社会的了解很肤浅，有时也很幼稚，对自己的将来也没有清晰的认识。有的学生甚至因为生活中的一些琐事就会有对生活失去信心的想法；而还有一部分未成年人在学习期间就梦想着出名，成为少年歌唱家、少年科学家等，他们急功近利地参加各种成人性质的选秀活动，这些对未成年人的成长是不利的，但却不断地在社会上蔓延，说明我们没有用正确的方法引导未成年人建立正确的人生观和价值观。而体验教育有助于让未成年人纠正这些不良的行为，通过他们自己亲身的实际的操作，让他们能够在心里给予自己的所有想法和行为一定的中肯的衡量，并认识到过分的沮丧和过分的骄傲都是不对的。如以下的事例正是体验教育收获的成果：广东省茂名市电白区电海中学谢中全老师在实施体验教育的过程中，体会到体验教育的神奇作用。

---

① 自治区文明办：《拉堡小学：深化“乡村体验周”活动创新“实践育人”载体》，《当代广西》2005年第8期。

2004年夏天的一个下午的自习课，谢老师去班上查看纪律情况时发现有个讲话捣乱的学生，就让该学生在太阳底下晒了5分钟，然后问他感觉怎么样，学生的回答是不好受。谢老师就从学生家庭的角度问他一个农民家庭的孩子在学校这样做，有没有替父母在太阳底下的辛苦劳动想过，听完这话后，该学生低头哭了，而且在以后的时间已改掉了他的坏毛病[①]。这个事例生动地告诉我们，体验教育会给未成年人带来更为现实的、合理的人生观和价值观。

2. *体验教育有助于推动学校教育的发展*

首先，体验教育有助于培养学生的动手、动脑能力。“纸上得来终觉浅，绝知此事要躬行。”课本的知识是经过前人的不懈努力实践得来的，是经过历史沉淀下来的，凝聚着无数科学家、文学家们的心血。学生对课本知识的学习就是继承前人研究成果的过程，然而人类社会总是向前发展的，未来的社会和文化由谁创造呢？答案就是现在的未成年人，所以对他们来说，学习理论知识只是学习的一个方面，自己动手实践，培养灵感，激发创造性，是学习的另外一个重要方面。况且各种生活的体验对激发灵感，增强动手能力都有很大的帮助。如江苏省南通市通州区正场小学的旁边有一座寺庙，寺内有泉水一眼，长年不涸。泉水不仅甘甜，久煮无垢，且传言其能治疗多种疾病，人称“神水”，说是神灵所赐。“神水”真神吗？正场小学的同学为了找到答案，通过教师的组织进行了两个星期的调查，并作了记录，最后在专家的帮助下，揭开了“神水”的秘密。原来“神水”主要是地质运动形成的，雨水在长期渗透过程中溶解了周围一些有益于健康的矿物质，且泉眼的周围没有污染物，所以就成了“神水”。学生通过调查并书写了调查报告，将“神水”的谜底解开。通过这次调查，一方面提高了学生的语言运用能力，一方面激发了学生对大自然的热爱，对科学的崇敬。

其次，体验教育有助于建立融洽的师生关系和同学关系。社会的发展，个体的成长，都离不开知识的传承，学校教育就是传承知识的主要渠道。在教学过程中，教师与学生关系的好坏影响着教学的质量，所以首先要明确师生的关系，简单来讲，就是教与学的关系，两者是相互依存、相互作用的双向关系，在本质上，两者是主导与主动的关系。而教学的基本任务就是教师设法使学生理解并掌握教学的基本内容，并组织学生通过各种相关的活动来接受知识，促使这些知识转化为学生自己的知识经验。可以看出，教学过程中，课本知识转化为学生自身的知识就需要体验，这就摆脱了教学中教师只注重对学生的单向灌输，避免形成所谓的“一言堂”的局面。教师通过组织活动，让学生主动地参与到教学之中来，对教师的教学有好的建议或意见可以和教师沟通，这就达到了教与学的互

---

① 谢中全：《体验教育的神奇作用》，《南方论刊》2007年第10期。

动，其效果是非常好的。但是作为中小学生，对体验的认识是不够全面的，所以在这个过程中，需要教师主动引导，并且这样的引导会让教师对学生有更进一步的了解，这对于以后的教学工作顺利开展有重要的意义；同时学生在教师的引导下，努力参加各种社会实践活动，不仅引发了自己对学习的兴趣，更能对教师教学的辛苦有一定的理解，学生会更加配合，积极主动学习和探索新的知识。这就融洽了师生关系，有力地推动教育的发展。

同时，在体验的过程中，学生之间也有各种不同的合作与相互帮助，从而促进学生之间的友好关系。从20世纪80年代起，我国实施计划生育，独生子女在未成年人中的比例越来越大，他们由于生活的环境比较优越，很多都是家里的宝贝，基本上是衣来伸手、饭来张口，这样的不良生活方式导致一些孩子胆怯、孤僻、任性、唯我独尊。有的孩子甚至到了大学，还不能独立生活，连一些基本的生活常识都不懂，这也是我们传统教育的失败之处。这样的学生在学校里表现得很自私，自我意识强，缺乏与其他同学的沟通与合作，也经受不了任何的挫折，在处理事情上表现出严重的个人主义。提倡体验的教学方法，可以帮助中小学生相互之间的增加理解和关爱，让他们学会变换角色，为他人着想，发现对方的长处和不足，相互之间查漏补缺，共同进步。如有的学校就在学生之间开展“用别人的眼光看世界”的主题活动。“访问一些不同年级的同学在合作或与人相处中常会遇到哪些问题，调查结果大都因为意见不一致而闹矛盾，如‘小队活动中凭什么老是小队长说了‘算’，‘我说他扫地不干净他还生气’等。将出现的相似问题做成纸条，在队会上用抽签的方法，以编小品、补充人物对话、讨论等形式，来变换角色想办法解决问题。”让学生通过以他人的身份，他人的视角去参与体验，让他们感受他人工作的心情和责任，工作过程的辛劳，完成工作后的快乐与收获，从小就形成尊重他人、理解他人、珍惜他人劳动成果的好习惯①。

另外，体验教育有助于形成良好的情境学习环境。学习的环境受后天诸多因素的影响，在不同的学校、家庭和不同的历史阶段都有所不同。对受教育者而言，都在追求最好的学习环境。在当今社会条件下，学习环境不仅仅指代学校课堂教师与学生之间传统的教与学的环境，而且包括社会生活环境。也就是说，学习的知识不仅是书本的理论性的知识，而且还学习社会实际需要的知识。这就要求在教学过程中，将学生置身于当时的或创造的相近的环境中去。让学生充当当事人，并用当事人的想法去感受事件，这对学校教育有事半功倍的效果。例如，幼儿园的教师组织幼儿在学习数学的过程中，让幼儿模拟超市营业员进行货物分

① 陈碧英：《体验，打开教育另一扇窗——浅谈新课改下的少先队体验教育》，《时代教育》2008年第1期。

类、数量统计、标价、记账、计算营业额，体验到数学在生活中的作用，生活与数学的密切关系。又如一位教师在上《苏武牧羊》一课时，让学生事先阅读有关苏武的故事，并听取了出国游子思乡的心路历程与感受。当阅读到苏武受尽折磨还旌不离身，牧羊时遥望南天渴望回祖国这一节时，教师让学生表演课文情境，配以旁白，结果教室里一片抽泣声，师生的情绪完全融入苏武的情境中，学生深刻地体会到苏武当年的那种渴望回国却又身不由己的心境，也理解了什么叫爱国情感[①]。这样的换位体验教学在教学中很起作用，能帮助学生形成立体思维的方式，同时也是对传统教学方法的改善。

3. 体验教育有助于家庭教育的发展

教育学家苏霍姆林斯基曾说："家庭是我们社会的基本细胞，它体现着经济、道德、精神心理学、审美等方面的诸多人际关系，当然，还包括教育方面的关系。只有父母抱有崇高的目的，而孩子心目中他们因这个目的变得崇高并在为之奋斗时，家庭才能成为一种高尚的教育力量。"[②] 可见家庭教育对孩子成长起着潜移默化的作用。体验教育正是为实现这样的家庭提供必要的条件。

首先，体验教育有助于建立和睦的家庭关系。在一个好的家庭里，父母为人和善，能相互间体谅和帮助，齐心协力，以诚相待，互相信任和尊重的话，对他们的孩子来说，起着无声的表率作用，让孩子从小就明白人与人之间是和睦相处的关系，这样的孩子，就会在生活中为父母长辈着想，替他们分忧，主动地做自己力所能及的事情，在生活的琐事中体验他们养育自己的艰辛。与此相反，在一个充满矛盾的家庭里，父母之间相互猜疑、争吵甚至打架都会给孩子心理带来不良的影响，孩子在家庭中，始终处于恐惧、危险状态，这对孩子性格的塑造会产生极大的负面影响，孩子可能也会像父母一样，出现猜疑、暴力倾向等行为。这样的孩子一般不会正常体验生活，只会从自己的角度来考虑问题，总是极大地保护自己，不会理解、体谅他人的处境，不会主动帮助他人，对自己的父母也是如此，这就违背了家庭教育的宗旨。所以要建立一个和睦的家庭，父母长辈的行为影响是一方面，孩子对家庭生活的体验也是一个重要的方面。特别是在现在较多独生子女的情况下，家长与子女之间的正常关系出现了一定的偏离。孩子对父母的理解和体谅越来越少，而父母又将其子女视为掌上明珠，一味地为孩子着想而忽视了自我的存在。孩子也从小就习惯了父母的娇惯，对父母的想法和行为不理解，有时甚至忽略父母的感受而做一些让父母不能理解的事情。这样的家庭中已经出现了家长和孩子都误解家庭教育的意义的现象，出现了不正常的发展苗头。

---

① 周龙兴、宋进喜：《体验的教育学意义与学习主体的确立》，《上海教育科研》2003 年第 4 期。

② 《苏霍姆林斯基选集》第 4 卷，教育科学出版社 2001 年版。

所以在家庭内部开展体验教育是很有必要的，它会使得家长和孩子都能朝着正常的家庭关系方向发展，使得孩子从小就懂得父母的快乐与辛苦。同样，孩子也应该得到父母的尊重与理解，即相互之间能换位思考，和睦相处。例如，家长可以在周末安排孩子做一些简单的家务，而孩子也有权利要求父母能在忙碌的工作中抽时间与自己做游戏等，这样家长也就及时了解到孩子的成长状况，孩子也会在各种体验中增长知识，这样的家庭就如苏霍姆林斯基所说，是一种高尚的教育力量，更是和谐社会形成的重要因素。

其次，体验教育有助于培养孩子的独立能力。家庭是孩子生活的主要场所，也是孩子各种习惯形成的地方，陶行知先生很早就说“生活即教育”，在生活中让孩子充分利用自己的时间，用自己的眼睛去看，用自己的大脑去思考，用自己的嘴巴去问，并用自己的双手去亲自尝试。这也就是说，孩子从小就应该培养独立和自理的能力，而家庭确实是培养孩子独立能力的主要场所。它的好处在于，家里有许多的小事情值得让孩子亲自去做做，锻炼孩子的生活能力，积累各种生活的经验；相反，如果父母对孩子溺爱，不让他们干任何事，因此造成了孩子对父母的严重依赖，就很难让孩子有独立的意识。如有位小学生在一次数学测验中，突然站起来对教师说：“老师，我妈妈没有帮我复习，我都不会，怎么办呢?”面对这样的现象，我们会发现这些“小皇帝”“小公主”们都是由于平时在家娇气惯了，没有一点自理、自立的能力，因而体验教育在家庭教育中的重要意义就凸显出来了。孩子平时在家时，应尽力让他们帮助父母分担一些家务，在这个过程中能学会许多过去自己不会做的事情，既减轻了父母的负担，又有长大和成熟的责任感，这就使孩子在家中找到了自己的位置，明白自己也是一个独立的个体，需要有独立的意识和独立的行为。

4. 体验教育有助于推动社会教育的发展

首先，在社会教育的过程中，必须明确未成年人的社会地位。未成年人是祖国的花朵，是未来的建设者，是社会主义事业的接班人，是民族未来的希望，因而未成年人的教育发展的情况与社会的发展密切相关，它直接关系到中华民族的整体素质，关系到国家的前途和民族的希望。通俗地讲，未成年人就是我们国家未来发展的顶梁柱，其地位的重要性可见一斑。但是改革开放后，许多西方思想传入我国后，许多人都有点好坏不分地全盘吸收，导致拜金主义、享乐主义、极端个人主义等思想不仅在成年人的心里扎了根，在未成年人的心里也生根发芽，这对社会未来的发展是极其不利的，这也为教育的社会化设下了障碍。把一切事物的价值都用金钱来衡量，崇洋媚外的风气也越来越浓，特别是这几年所流行的“不是东风压倒西风，而是西风压倒东风”“韩流”等一些很招年轻人尤其是未成年人的喜欢。比如现在的年轻人更喜欢过西方的节日，什么情人节、圣诞节等，就连小学生都有跟风的趋势，但也有不少的青少年不知道我国的很多传统佳节，如很多人不知道清明节的具体时间，有时把阳历和阴历也分不清楚，而且社会的很多场所也在不分好坏地宣传西方的节日与文化，这就给未成年人的社会学习带来很多的混淆和误导。青少年从幼儿园开始就在学校生活，对外界社会的了解少，所以有些观念是道听途说，并没有真正亲身经历，有的甚至从小就认为外国的东西都是好的，有明显轻视我们祖国的倾向，如许多青少年迷信星座的预测，却不知道外国人正在为我们两千多年前的《周易》赞叹不已。所以社会教育应该通过报纸、杂志和其他各种媒体对未成年人给予积极的、正确的引导。同时，在条件允许的情况下，能够组织学生进行亲身的体验，比如，组织学生参观革命旧址、历史博物馆等，以此来让学生记住我们的历史，激励他们以实际行动来热爱和发扬我们的灿烂文化。

其次，体验教育有助于推动全社会真正关心未成年人的教育工作。总的说来，社会人士对未成年人社会教育大多持一种积极的态度，但也有不少人把对未成年人的教育作为发财致富的好途径。如很多的中小学生培训机构经常是挂羊头卖狗肉，打着为学生服务的旗帜，将学生吸引到他们的培训中，但提供的教学环境和师资力量都很差，导致学生的学校效果也很差。这不仅浪费了家长的金钱和学生的时间，更严重的是他们的行为让学生看在眼里，记在心里，而未成年人又没有正确的是非判断能力，很容易模仿他们的不良行为，并在自己的生活圈内实施，造成更大的不良影响。如现在有的夏令营活动渐趋“贵族化”，一个名为“未来领袖高峰会”的夏令营，安排一群 13 岁到 16 岁的初中生，在开展活动期间入住高级的宾馆、参加酒会，还可以在高尔夫球的训练场地进行练习等。这一夏令营为期 10 天到 14 天，价格在 6500 元左右。这样的夏令营确实让人难以接受，从其内容中我们可以看到，组织者是把这些学生作为贵族对待的，这种做法其实就是在无形中给学生灌输自我是优越的这样的思想，容易与其同龄人相比较，把自己看得比别人高贵，这对他们的成长有害无益。所以我们必须在真正理解体验教育的基础上，为未成年人营造一个真实的体验环境，而不是将学生分为三六九等对待。另外，社会教育应该多关注农村教育，特别是对现在农村留守孩子的关注，让他们也能在父母长期不在身边的同时感受到家庭的温暖，以及对外面世界的了解，比如组织农村学生到城市体验生活等活动。

最后，体验教育有助于未成年人树立正确的劳动观。劳动是人类赖以生存的基本活动，体验生活，参加劳动，对未成年人树立正确的劳动观有重要意义。虽然未成年人不是劳动力，但是他们在平时的生活中参加一定的体力和脑力的劳动，能够锻炼他们的身体，磨炼他们的意志，为将来的工作和生活奠定基础，并且通过劳动，让他们对劳动的艰辛和劳动成果的来之不易有深刻的体会。由于我们现在生活条件的提高，许多青少年不懂得劳动的价值，对他人的劳动成果也不珍惜，比如不懂得珍惜粮食，有的学生甚至不知道粮食是怎么生产的；有的学生不喜欢动脑筋学习，考试时，抄袭或作弊等行为就很多，这是对他人劳动成果的侵害。除此之外，由于没有正确的劳动观，他们的惰性增加了，在家有父母的呵护，在学校就贪玩，不学习，他们对身体力行的劳动都表现出极大的冷漠。所以，在此提倡社会通过各种方式为学生提供体验生活的机会，让他们在真正的劳动中认识到自己的价值和劳动的价值。如陕西省某电视台在2008年暑假期间组织西安市某中学的学生去附近的果园帮助果农采摘苹果，在采摘的过程中，学生都有很大的感触，特别是繁重的体力劳动，对他们来说，都是吃不消的，有个学生在白天摘了苹果后，晚上就发烧打起了点滴，这不得不让我们反思当下教育体系中对体验教育的缺失。

第二章　未成年人体验教育的理论基础

体验教育有其深刻的历史渊源，在马克思、恩格斯、毛泽东、邓小平以及当今领导人的教育思想及论述中都有很多次提及，在他们的教育思想中是以实践的形式提出的，并且实践理论在其思想中有十分重要的地位。下面我们就体验教育的理论基础从以上几位伟人的思想中去深度挖掘。

一、马克思和恩格斯教育思想

马克思主义思想理论中，对教育发展提出了前所未有的新境界。其中马克思主义关于人的全面发展的学说，在教育学领域中是科学的教育原理，是将历史唯物主义和具体教育过程相结合的伟大指导思想。此外将教育与生产劳动相结合的教学方法是理论联系实际的经典教育方法。在体验教育的理论探索过程中，我们有必要再一次明确马克思、恩格斯教育思想的重要的地位，为体验教育的发展寻求正确的理论基石。

1. 马克思和恩格斯关于人的全面发展的学说

人的全面发展是相对于人的片面发展而提出的。马克思和恩格斯关于人的全面发展的学说，是在根据人类社会客观发展规律和揭示的阶级社会造成的人的片面发展的错误的基础上提出的。尤其是结合当时的资本主义社会。此外也是对19世纪欧洲空想社会主义者欧文的全面发展教育理论的发展。

第一，人的片面发展是阶级社会的产物。马克思和恩格斯认为，社会分工，特别是脑力劳动和体力劳动相分离和对立后，造成人从这两个方面开始各自的片面发展。原始社会生产水平低下，生产资料公共所有，社会成员是在一起共同参加社会生产劳动，没有等级，没有阶级，更没有剥削，当然也就不存在社会分工，其中体力劳动是劳动的主要方式，它和脑力劳动还没有根本上结合在一起。但是当人类进入阶级社会后，这种情况发生了变化，私有制和阶级的存在，使得社会必然就有了分工，体力劳动和脑力劳动相互分离，人就开始了片面发展的生活。可见，体力劳动和脑力劳动分离的关键就在于社会分工，虽然这种分工是社会生产力发展的结果。同时，也促进了生产力的再次不断发展，从而使人类的活动范围也从原始的畜牧业、农业发展到手工业、大机器现代工业。但是，这种发展是遵循辩证发展规律的，在给人类带来极大物质享受的同时也产生了许多严重的恶果，这就是社会分工使得一部分人专门从事某种职业，并受这种职业活动和工具的支配和奴役，其长期从事该项活动造成身心发展受到限制甚至是摧残和破坏。恩格斯认为这种现象就是人的片面发展的表象，并产生了严重的危害。他在《反杜林论》中就谈到了资本主义工场手工业分工对工人造成的片面发展。他说："由于劳动被分成几部分，人自己也随着被分成几部分。为了训练某种单一的活动，其他一切肉体的和精神的能力都成了牺牲品。"[①] 揭示了在资本主义的工厂中，工人成了机器的附庸，完全不能发挥工人自己的才能和智慧，并且在长期的呆板的劳动过程中，其肉体和心理都有一定的破坏。而且即使是知识分子，在这样的阶级社会里，也是因分工而使得自己的知识水平和能力都具有狭隘性和经验性，同样也是片面的、空虚的发展。但是到了社会主义、共产主义社会，情况就发生了变化。由于废除了剥削和阶级，消灭了私有制，消灭了旧有的社会分工，铲除了使体力劳动和脑力劳动相分离的社会基础，建立了公有制，让体力劳动和脑力劳动相结合，两者充分发挥，同时还创造了为人的身心全面自由发展的一切条件，这就为人的全面发展提供一个全新的环境。

第二，人的全面发展的含义和本质。马克思在《资本论》中定义："我们把劳动力或劳动能力理解为人的身体即活的人体中存在的，每当人生产某种使用价值时就运用的体力和智力的总和。"可以看到，马克思把未来社会的人的全面发展，作为"人类自身存在的"，能够创造"某种使用价值"的"体力和智力的总和"。也就是说，这种全面发展的人，既能从事体力劳动，也能从事脑力劳动，既能从事直接的物质生产，也能从事文化科学工作，能够根据社会的需要和个人的爱好，从一个生产部门转到另一个生产部门。在此，通过对马克思关于人的全面发展的含义的论述，可以总结出人的全面发展的本质的主要方面就是体力和脑力的发展，任何一个社会成员，在社会的一切劳动中，都包含着物质和精神的活动，都是离不开体力和脑力劳动的结合的，要把手的活动和脑的活动并重，不能偏废其一。而且也只有通过这样的结合，并在此基础上，通过社会的实践活动不断地发展人的体力和脑力，人才能获得全面的发展。

2. 教育与生产劳动相结合的方法

教育与生产劳动相结合的方法，马克思和恩格斯在许多的著作中都有精辟的阐述。其中，马克思在《资本论》中说道："未来的教育对所有已满一定年龄的

---

① 华东师范大学教育系编：《马克思恩格斯论教育》，人民教育出版社 1979 年版，第 206 页。

儿童来说，就是生产劳动同智育和体育相结合，它不仅是提高社会生产的一种方法，而且是造就全面发展的人唯一方法。”① 恩格斯在《共产主义原理》中指出：把教育和工厂劳动结合起来。从两位伟人的言语中我们发现关于教育的方法，有以下两点重要的思想。一是教育和劳动的结合的对象是已满一定年龄的儿童。二是教育和生产结合，是造就全面发展的人的唯一方法。

首先，教育和劳动的结合的对象是已满一定年龄的儿童。在论述教育的对象是一定年龄的儿童时，是有一定的社会环境的，那就是当时的现代大工业社会。现代大工业生产，是社会生产力和科学技术发展与进步的重要标志，教育作为一个生产部门，同样也必须和现代物质生产相同步，不仅如此，还要不断培养高素质的生产者，去适应社会生产力发展的需要。因而，马克思说：“现代工业吸引男女儿童和青少年来参加伟大的社会生产事业，是一种进步的、健康的和合乎规律的趋势。”② 在这样的背景下，我们发现马克思所要建立的伟大的社会生产事业是需要儿童和青少年参与的，将教育与劳动相互结合，就可以实现儿童和青少年的全面自由的发展；而资本主义社会的童工制度却对儿童和青少年身心发展有摧残和破坏的作用，资本家让儿童受教育，只是为了争取工人以及工人的后代的教育的权利和改善劳动的条件。他同样在《临时中央委员会就若干问题改代表的指示》中明确指出：“最先进的工人完全了解，他们阶级的未来，从而也是人类的未来，完全取决于正在成长的工人一代的教育。他们知道，首先应当使工作的儿童和少年不受现代制度破坏作用的危害。”③ 可见，马克思和恩格斯在资本主义社会中提出的教育与生产劳动相结合的主张，是与为工人争取自身利益相联系的，是以培养教育工人阶级及其子女为目的的。

其次，教育和生产结合，是造就全面发展的人的唯一方法。教育是培养人、塑造人的专门社会活动，它对人的发展具有全面性的影响作用。通过有程序的教育活动，可以使人们获得知识，懂得技术。尤其是对儿童和青少年而言，接受教育是认识世界和自我的重要途径，与此同时，发展儿童和青少年的智力，也是想让他们在接受现有知识与技能的同时，运用他们的聪明才智进一步参与到现实的生产中，在提高技能和技巧的同时进行体力的训练。恩格斯对此很支持，他说：通过社会生产，不仅可能保证一切社会成员有富足的和一天比一天充裕的物质活

---

① 华东师范大学教育系编：《马克思恩格斯论教育》，人民教育出版社 1979 年版，第 59 页。

② 华东师范大学教育系编：《马克思恩格斯论教育》，人民教育出版社 1979 年版，第 126 页。

③ 华东师范大学教育系编：《马克思恩格斯论教育》，人民教育出版社 1979 年版，第 127 页。

动，而且还可能保证他们的体力和智力获得充分的、自由的发展和运用。人的形成和发展是身心统一的发展，教育和劳动的结合，就是将体力劳动与脑力劳动结合起来，对人进行全面的训练和培养，使两者得到最大程度的发展。这就摆脱了旧教育、旧制度造成的人的片面发展的循环。儿童和青少年一边学习，一边劳动，是符合人的生长规律的，是造就一代又一代人才的基本方法，也是实现社会主义、共产主义社会的必要手段。因而恩格斯早就预示了这种教育方法的前途是光明的。他说："生产劳动给每一个提供全面发展并表现自己全部的即体力的和脑力的能力的机会，这样，生产劳动就不再是奴役人的手段，而成了解放人的手段，因此，生产劳动就从一种负担变成一种快乐。"① 可见，教育与生产劳动相结合，确实是造就全面发展的人的唯一方法。

二、毛泽东教育思想

毛泽东思想是马克思列宁主义普遍原理和中国革命具体实践相结合的产物，是中国共产党集体领导的智慧。毛泽东教育思想是毛泽东思想的重要组成部分。毛泽东思想的代表人物毛泽东同志高瞻远瞩，在坚持马列主义的前提下，提出了独创的、有长远意义的教育思想。这是教育工作必须坚持的指导思想。

1. 教育的方针和政策必须围绕党的路线和任务展开

毛泽东同志认为在领导中国革命的每一个阶段，提出的教育方针、政策，要紧密与党的政策和路线相一致。在第一次国内革命战争时期的苏维埃文化教育方针，在新民主主义文化教育中的主要任务，都是为当时的无产阶级领导的人们革命战争和阶级斗争服务的。在社会主义革命和建设时期，毛泽东同志在1957年的《关于正确处理人民内部矛盾的问题》中明确提出了教育的方针是："我们的教育方针，应该使受教育者在德育、智育、体育几个方面都得到发展，成为有社会主义觉悟的有文化的劳动者。"这是毛泽东同志将马克思主义教育原理和中国的实际情况相结合的表现，强调在任何时期教育都要和党保持一致。这个重要思想为我们制定具体的教育方针与政策以及办好社会主义教育事业，培养德、智、体全面发展的新中国接班人指明了方向。

2. 知识分子与工农相结合的教育方针

教育和生产劳动相结合，是马克思主义教育的重要实践方法。毛泽东同志在运用马克思主义教育思想时结合中国当时国情，提出知识分子与工农相结合的教育方针。让知识分子到工农群众中去，与他们共同劳动，感受工农群众的实际生

---

① 华东师范大学教育系编：《马克思恩格斯论教育》，人民教育出版社1979年版，第59页。

活，这就能使知识分子将理论的知识与实际的情况结合起来，参加具体的劳动的同时把书本的理论知识应用到实际的需求中去，为知识分子获得全面的知识提供了机会。在两者结合的过程中，毛泽东提出了几点值得注意的方面。首先，在重视强调书本知识的同时要反对现实的教条主义。在1943年的整风运动中，毛泽东在《整顿党的作风》一文中指出："学生们的书本知识是什么知识呢？假定他们的知识都是真理，也是他们的前人总结生产斗争和阶级斗争的经验写成的理论，不是他们自己亲身得来的知识。他们接受这种知识是完全必要的，但是必须知道，就一定的情况来说，这种知识对于他们还是片面性的，这种知识是人家证明了，而在他们则还没有证明的。最重要的，是善于将这些知识应用到生活和实际中去。"这就是毛泽东灵活地应用马克思主义教育原理，让基本原理在中国的教育领域中发挥更大的作用的表现。另外，毛泽东同志还不辞辛苦地设计出如何将理论与实际相结合的具体方案——"学生半工半读"的方案。他在起草的《工作方法六十条》中指示分三个方面来说：一是关于农村的方案，"农村里的中小学，都要同当地的农业合作社订立合同，参加农、副业生产劳动，农村学生还应当利用假期、假日或者课余时间回到本村参加生产"；二是关于城市的方案，"大学校和城市里的中等学校，在可能条件下，可以由几个学校联合设立附属工厂或者作坊，也可以同工厂、工地或者服务行业订立参加劳动的合同"；三是关于城乡接合处的方案，"一切有土地的大中小学，应当设立附属农场；没有土地而邻近郊区的学校，可以到农业合作社参加劳动"。可见，在新中国成立初期，百废待兴之际，将知识与实践相结合的教育方法对建设新型的社会主义国家有着至关重要的作用。

3. *变被动学习为主动学习*

毛泽东同志认为主动学习与被动学习是区别新旧教育的表现之一。他强调在新社会中要把落后的不良的学习方法改变，让师生脱离旧式的教学习惯和学习习惯，让学生主动活泼地参与到教学的过程中。在1921年的《湖南自修大学创立宣言》一文中，毛泽东就旗帜鲜明地批评了旧学校的弊端所在。首先，旧学校把施教当作一种商品买卖，"先生抱一个金钱主义，学生抱一个文凭主义，交易而退，各得其所"；其次，就是旧学校"袭专制皇帝的余威"，"用一种划一的机械的教授法和管理法去戕贼人性"；还有就是"钟点过多，课程过繁，终日埋头于上课，几不知上课以外还有天地，学生往往神昏意怠，全不能用他们的心思为自动自发的研究"。总之，旧学校"在使学生立于被动，消磨个性，灭掉性灵，庸懦的随俗浮沉……"近一百年过去了，毛泽东同志的这些思想仍然是我们教育界中值得注意和重视的。我们要培养社会主义现代化的建设者，就要在教育的过程中积极培养他们的主动学习的能力，这就要求我们使得儿童从小就能够得到足够的发展空间，让他们敢说、敢想、敢做。1964年，毛泽东在关于教育革命的谈话中批评当时的学校是“现在课程多，害死人”，“课程讲得太多，是烦琐哲学。烦琐哲学总是要灭亡的”。他提倡多给学生一些课余时间，让学生有主动学习的时间；同时教学要得当，考试不要死记硬背，要能够给学生独立思考和分析问题、解决问题的机会，更要让学生学会自学。世界上的知识是浩瀚无边的，学校的教育与学习只是人生学习的一个阶段。学生总是要离开学校参加工作的，所以很多的知识是课本之外的，学生只有学会了独立学习的方法才能在将来的工作、生活中游刃有余、有所作为。因而学习是要靠自己来自觉进行的，学校的课程越多，教师讲的越多，作业布置越多，考试越多，教学质量却不一定越好。这一直是毛泽东同志所强调的。

另外，毛泽东同志还在学校教育方面提出了一些改革的建议。其中具有重要意义的建议就是减轻学生的学习负担。毛泽东同志根据青少年学生的生理和心理特点，坚决地指出要兼顾学生的学习和休息安排，不能因为抓学习而忽视了对学生身体的锻炼和道德的教育。他认为不懂得教育规律，不从青少年的特征出发而一味追求教学质量的教学计划，必然会造成学生的负担加重、学习效率下降的局面。因而，毛泽东在1953年就提出了要减轻学生的负担，采取增进学生的健康，改善伙食，增加大、中学生的助学金等措施来真正为学生减负。

4. 重视人民教师的重要作用

毛泽东同志十分注意人民教师在教育工作中的重要作用。他在革命时期和建设时期都曾多次强调过。他在《中国社会各阶级的分析》中明确把旧中国属于小资产阶级的中小学教员看作无产阶级的好朋友、革命的主要依靠力量之一。而且他认为教师是贯彻教育方针、提出教育改革意见、提高教学质量、培养优秀人才的把关者。他本人很尊敬教师和教师的劳动。在徐特立老师60岁生日的时候，毛泽东同志曾亲自写信祝福老师的寿辰，信中曾写道：“徐老同志：你是我二十年前的先生，你现在仍然是我的先生，你将来必定还是我的先生……”1958年的教育革命中，毛泽东同志对当时“左”的忽视教师在教育改革中的重要作用的行为进行了严肃的批评，并及时纠正了“左”的错误。可见毛泽东同志对人民教师的重视，始终是指导我们建立一支坚持走社会主义道路的强大的教师队伍的力量源泉，至今仍然具有长远的战略指导意义。

三、邓小平教育思想

邓小平教育思想是一个博大精深的理论宝库，是党的基本路线在教育战线的生动体现。邓小平教育思想同样是马克思主义教育基本原理与中国的教育实践相结合的产物，它深刻地反映了中国国情下的教育事业发展的现状，也对今后教育的发展具有指导意义。体验教育理论的形成过程中，同样也不能忽视邓小平对教育事业的伟大贡献。以下就邓小平教育思想的独特理论——“教育要面向现代化、面向世界、面向未来”的三个“面向”理论进行深入的剖析。

1983年，邓小平为北京景山学校题词：“教育要面向现代化、面向世界、面向未来”。这就为我国改革开放后的教育事业发展提出了宗旨和根本的策略。这是邓小平同志教育思想的最独特之处。现在回味这三个“面向”，对当下的教育仍有巨大的指导作用。

首先，教育要面向现代化。

党的十一届三中全会决定把党和国家的工作重心转移到经济建设上来，党在十二大更进一步提出要逐渐实现四个现代化，把我国建设成为高度文明、民主、繁荣的社会主义国家。这就要求全国各族人民和各个行业都集中力量，围绕经济建设而不断努力。教育在邓小平同志提出的“三步走”战略中具有举足轻重的地位和作用。邓小平同志认为要实现现代化，就必须把科技和教育放在首位，科技是关键，教育是基础，要尊重知识、尊重人才。所以说要建设社会主义现代化，就要先让教育这个基础现代化。我们要实现现代化，关键是科学技术要能上去。发展科学技术，不抓教育不行。靠空讲不能实现现代化，必须有知识，有人才。也就是说现代化的建设必须培养一批掌握科技文化知识的专业人才。而建设这样的队伍需要的就是教育，所以教育的现代化是势在必行的。那么，教育面向现代化的真正含义是什么呢？邓小平同志也作过明确的说明：“从本质上讲，就是要求教育事业要适应以经济建设为中心的社会主义现代化建设的需要，更好更多地为社会主义现代化建设培养一批又一批又红又专的人才。”①

邓小平同志不仅在理论上说明了教育要面向现代化的必要性，在实际操作上他也突出了要求。教育要面向现代化，培养现代化建设者，邓小平同志认为需要重点从以下两个方面来努力：

第一，要贯彻毛泽东教育思想中的德、智、体全面发展的教育路线。

邓小平同志在坚持马克思主义提出的人的全面发展的同时，坚决赞成毛泽东同志提出的德、智、体全面发展的具体要求。他说：我们的学校是为社会主义建设培养人才的地方。培养人才有没有质量标准呢？有的。这就是毛泽东同志说的，应该使受教育者在德育、智育、体育几个方面都得到发展，成为有社会主义觉悟的有文化的劳动者。这就是说在教育的过程中，真真实实地做到把三者同等看待，同等发展，不要重智轻德或在表面上承认德、智、体要全面发展，但在实际工作中却仍然以智为主。邓小平在解读什么是社会主义和怎样建设社会主义的时候已经指出教育要培养什么样的人才，即社会主义现代化建设的专门人才，是

---

① 周立平、钟灏：《邓小平教育思想概述》，人民教育出版社1992年版，第51页。

有社会主义觉悟，有文化的劳动者。这个政治方向不能错，否则就说明培养的对象失去了为社会主义建设服务的意义。

第二，就是要在培养过程中对教材内容进行改革。

邓小平强调说：教材要反映出现代科学文化的先进水平，用先进的科学知识来充实中小学的教育内容。着重以教材为重点改革对象，增加适应现代化需要的新的文化知识内容。特别是在现代社会，科学技术突飞猛进，知识更新换代也飞速发展的情况下，对教材内容的不断更新是培养真实掌握科学技术能力的人才的一个不可或缺的前提条件。但是在这个指导思想的影响下，并不是不重视基础学科的知识，而是在基础学科知识变化较小的情况下加入新的科学知识，吸收新的科技成果，体现现代化的内容。

其次，教育要面向世界。

教育面向世界就是要求教育要有世界性、开放性。当今世界是一个开放的世界，我们越来越觉得生活在“地球村”中。以前那种孤立、封闭的国家已经不存在，而且越来越多的事实证明世界各国之间相互联系是促进各国发展的良好机遇。所以教育的世界性是历史的必然趋势。邓小平也是不断地强调：科学技术是人类共同创造的财富。任何一个民族、一个国家，都要学习别的民族、别的国家的长处，学习人家的先进科学技术。我们不仅因为今天科学技术落后，需要努力向外国学习，即使我们的科学技术赶上了世界先进水平，也要学习人家的长处，这就是教育面向世界的本质所在。因而，在我国的教育改革中通过吸收或借鉴发达国家的先进经验，使我们的教育在体制建设与结构设计、方法应用等方面达到先进的水平。

同样在教育面向世界的过程中，邓小平同志认为我们需要从以下几点做起：

第一，就是要充分地、全面地理解世界的现状。当今的世界，新技术革命迅速发展，知识更新也很快。我们在面向世界的时候，首先就是要能够充分地了解世界，随时关注世界新技术和科学的发展情况，使培养的人才能在世界立足，并富有创造性和适应国际形势发展的能力。

第二，学会能真正地借鉴外国的先进东西。国际社会发展是变幻莫测的，由于一个国家整体素质以及认知水平的局限性，不能及时了解到世界各地发展的具体情况。有时在借鉴他国先进科技时也有上当受骗的情况，这就是给我们一个警告，在培养专业人才方面一定能够培养出真正的人才，这样的人才能够跟上世界发展的潮流，为祖国的建设贡献一分力量。

第三，在教育面向世界的过程中，还要发扬我们优良的传统教育。并不是所有外国的都是好的，很多人在改革开放的初期就有凡是国外的就是好的这样的错误想法，这种想法也在影响着教育的发展方向，为此，邓小平指出：我们要有计划、有选择地引进资本主义国家的先进技术和其他对我们有益的东西。但是我们绝对不学习和引进资本主义制度，绝不学习和引进各种丑恶颓废的东西。也就是说，在引进的同时也要把民族的传统精粹继承和发扬光大。

最后，教育要面向未来。

年轻一代是祖国的未来，是社会主义建设的主力军。他们的整体面貌如何，关系到现代化建设的成败，关系到祖国未来的盛衰。教育要面向未来，就是要求教育要有长远的规划，以长远的战略目光来办好教育，使得教育能够培养出将来社会主义建设需要的优良的各种专业人才和后备力量，使培养的人才能够适应将来社会的发展。邓小平认为教育要面向未来就要从娃娃抓起，从小学、初中的基础教育抓起。这也就是在要求教育要有超前性和预见性。

同样在教育面向未来的过程中，邓小平同志认为我们需要主要抓以下两点：

第一，树立长远发展的观念。教育是一项投资周期长的事业，它在短暂的时期内是收不到显著效果的。所以就需要在教育的过程中首先要有做好长远投资的打算，并树立这种长期发展的观念。但是，在教育界，却有一些同志急于求成，往往以此为误导，认为抓工业、抓贸易等这些见效快的行业，才是国家发展的出路，这就很可能对教育造成教育经费的紧张以及人们对教育在思想上的忽视的不良影响。邓小平对此严厉批评道："忽视教育的领导者，是缺乏远见的、不成熟的领导者，就领导不了现代化建设。"可见，对教育的发展从全局来讲，一定要树立长远发展的观念。

第二，要改善办学条件。邓小平同志在改革开放的同时不断强调教育对社会主义现代化建设的重要作用，并积极倡导各级政府和领导做好发展教育事业的具体工作。保证教育工作在经费、基础设施等方面的条件不断改善，为学校和学生办事不讲空话、大话和套话。而且他本人也是身体力行，以实际行动来带动其他领导和干部。比如，1977 年，他一恢复工作，就开始从最难办的科技和教育着手深入工作。他说："我知道科学、教育是难搞的，但是我自告奋勇来抓。"这就对一些领导干部对教育工作不重视、不落实的行为有很大的遏制作用。同时，他对当时怎样改善学校教学的具体情况进行了重要的指示。他说："比如说，改革的决定，在你的那个地区、那个部门，怎样贯彻落实？校舍和教学设备不够，怎样解决？学校经费不足，怎样筹集？师生的伙食，怎样办得好一点？师资培训，怎样组织？学生的思想政治工作，怎样改进？等等。各级党政负责同志，要经常深入学校，倾听广大师生的意见和呼声，为他们排忧解难。"当时邓小平同志对教育中的问题是进行了深入的调研和分析的，并在全党内倡导同志们为建设条件好、质量好的学校而努力。

四、习近平关于教育的重要论述

党的十八届三中全会通过的《中共中央关于全面深化改革若干重大问题的决定》提出要“深化教育领域综合改革”，并对改革提出了总体要求，明确了改革的方向和具体举措。以习近平同志为核心的党中央高度重视教育工作，把教育摆在优先发展战略地位。

（一）习近平关于教育的重要论述指引中国教育改革和发展前进方向

习近平总书记在治国理政过程中，高度重视教育在社会主义现代化建设中的地位和作用。党的十八大以来，他在各种会议上和考察学校时，对教育工作发表了一系列重要讲话，深刻论述了新时期我国教育改革和发展的重大理论问题和实践问题，形成了现代教育思想体系。

1. 教育本质：教育决定着人类未来

习近平总书记站在人类社会发展的高度，在《致清华大学苏世民学者项目启动的贺信》中提出“教育决定着人类的今天，也决定着人类未来”的论断，深刻论述了教育对人类社会发展的重要性，具有重要的意义。教育是人类社会的重要活动，它担负着传承老一辈的生产经验和社会实践经验、为当代社会和未来社会培养人才的任务。正如毛泽东1957年在莫斯科对中国留学生讲的：“世界是你们的，也是我们的，但是归根结底是你们的。”当今世界风云变幻，冲突和矛盾重重，人类面临种种挑战，教育要为未来可持续发展承担责任。这是联合国教科文组织2015年报告《反思教育：向“全球共同利益”的理念转变?》提到的重要内容，报告提出，教育应该以人文主义为基础，以尊重生命和人类尊严、权利平等、社会正义、文化多样性、国际团结和为可持续的未来承担共同责任。

教育的本质就是通过传授知识、提高品德、启迪智慧，培养促进社会发展的人才，是提高每个人的生命质量、提升生命价值的重要途径。在经济全球化背景下，无论是坚持和平，还是战胜贫困、改善环境，都要依靠教育培养有远大志向、能为人类造福的人才。

2. 教育战略：坚定实施科教兴国战略

习近平总书记始终坚持把教育放在社会主义现代化建设中的战略地位。他于2013年9月在联合国“教育第一”全球倡议行动一周年纪念活动上发表贺词时指出，中国将坚定实施科教兴国战略，始终把教育摆在优先发展的战略地位。

习近平总书记继承和发展了党的十六大确立的科教兴国战略思想，强调教育在实现“两个一百年”奋斗目标和中华民族伟大复兴中国梦过程中的重要地位和作用。他在2014年教师节前夕与北京师范大学师生代表座谈时指出：“教育是提高人民综合素质、促进人的全面发展的重要途径，是民族振兴、社会进步的重要基石，是对中华民族伟大复兴具有决定性意义的事业。”把教育摆在优先发展的战略地位，是建设社会主义强国的需要。习近平总书记指出：“当今世界的综合国力竞争，说到底是人才竞争，人才越来越成为推动经济社会发展的战略性资源，教育的基础性、先导性、全局性地位和作用更加突显。”因此，必须坚持把教育摆在优先发展的战略地位，普及教育，培养具有创新能力和国际视野的高品质人才。

把教育摆在优先发展的战略地位是促进教育公平、改善民生的需要。习近平总书记始终把人民群众的利益放在第一位，他说：“人民对美好生活的向往，就是我们的奋斗目标。”他指出，教育公平是社会公平的重要基础，要不断促进教育发展成果更多更公平惠及全体人民，以教育公平促进社会公平正义。

3. 根本任务：国无德不兴，人无德不立

习近平总书记多次强调立德树人是教育的根本任务。党的十八大报告指出：“全面贯彻党的教育方针，坚持教育为社会主义现代化建设服务、为人民服务，把立德树人作为教育的根本任务，培养德智体美全面发展的社会主义建设者和接班人。”党的十八大以后，习近平总书记多次走进大中小学，在与师生座谈时深入阐述了立德树人的重要意义和实施途径。习近平总书记 2013 年在山东考察时指出，国无德不兴，人无德不立。2013 年习近平总书记给中央民族大学附属中学学生的回信中，要求学校承担好立德树人、教书育人的神圣职责，着力培养造就中国特色社会主义事业合格建设者和接班人。2016 年教师节前夕，习近平总书记与北京八一学校师生座谈时强调，基础教育是立德树人的事业，要旗帜鲜明加强思想政治教育、品德教育，加强社会主义核心价值观教育，引导学生自尊自信自立自强。

坚持立德树人，就要把社会主义核心价值观融入学校教育全过程。习近平总书记在北京海淀区民族小学座谈时说，社会主义核心价值观体现了古圣先贤的思想，体现了仁人志士的夙愿，体现了革命先烈的理想，也寄托着各族人民对美好生活的向往。他要求社会主义核心价值观教育从少年儿童抓起，并且提出，在少年儿童中培育和践行社会主义核心价值观，要适应少年儿童的年龄和特点，主要是要做到记住要求、心有榜样、从小做起、接受帮助。习近平总书记要求把社会主义核心价值观教育贯穿教育全过程，要全面加强学校的德育、智育、体育和美育的工作，坚持文化知识学习与思想品德修养的统一、理论学习与社会实践的统一、全面发展与个性发展的统一。

2013 年，在同全国各族少年儿童代表共庆六一国际儿童节时的讲话中，习近平总书记要求少年儿童从小就要立志向、有梦想、爱学习、爱劳动、爱祖国，德智体美全面发展，长大后做对祖国建设有用的人才。他在北京市八一学校考察时说，中小学生是青少年的主体，是国家的未来和希望。中小学生要立志成才，必须勤奋学习、提高综合素质，努力做到修身立德、志存高远，勤学上进、追求卓越，强健体魄、健康身心，锤炼意志、砥砺坚韧。

4. 教育理想：走自己的道路，牢记“四个服务”

习近平总书记在第二十九个教师节慰问信中，希望广大教师“为发展具有中国特色、世界水平的现代教育作出贡献”。“发展具有中国特色、世界水平的现代教育”是我国教育发展的理想、方向和目标。

基础教育是培育青少年儿童最重要的途径，习近平总书记十分关心我国基础教育的发展。他在北京八一学校座谈时说，基础教育是提高民族素质的奠基工程，要遵循青少年成长的特点和规律，扎实做好基础的文章。基础教育要树立强烈的人才观，大力推进素质教育，鼓励学校办出特色，鼓励教师教出风格。当前我国基础教育要重点解决的问题是公平和质量。习近平总书记指出，教育公平是社会公平的重要基础，要不断促进教育发展成果更多更公平惠及全体人民，以教育公平促进社会公平正义。习近平总书记强调，基础教育是全社会的事业，需要学校、家庭、社会密切配合，学校要负主体责任，对学生负责，对学生家庭负责。

高等教育发展水平是一个国家发展水平和发展潜力的重要标志。习近平总书记出席 2016 年 12 月 7 日至 8 日全国高校思想政治工作会议并发表了重要讲话，强调发展高等教育的重要性，指出教育强则国家强。他强调，我国有独特的历史、独特的文化、独特的国情，决定了我国必须走自己的高等教育发展道路，扎实办好中国特色社会主义高校。习近平总书记提出，我国高等教育发展方向要同我国发展的现实目标和未来方向紧密联系在一起，为人民服务，为中国共产党治国理政服务，为巩固和发展中国特色社会主义制度服务，为改革开放和社会主义现代化建设服务。这是新时期我国教育发展的指导方针，阐明了我国高等教育的地位和作用。

5. 队伍保障：塑造灵魂，家国情怀

习近平总书记高度重视教师队伍的建设。2014 年教师节前夕习近平总书记在与北京师范大学师生座谈会上的讲话集中反映了他对教师的观点。他首先论述了教师的作用。他说：“教师是人类历史上最古老的职业之一，也是最伟大、最神圣的职业之一。”教师之所以重要，就在于教师的工作是塑造灵魂、塑造生命、塑造人的工作。他希望教师肩负实现“两个一百年”奋斗目标、中华民族伟大复兴中国梦的使命和责任，努力为发展具有中国特色、世界水平的现代教育，培养社会主义事业建设者和接班人作出更大贡献。怎样才能成为好老师呢？习近平总书记提出四条标准：要有理想信念、要有道德情操、要有扎实学识、要有仁爱之心。习近平总书记在北京市八一学校座谈时，鼓励教师做学生锤炼品格的引路人、学习知识的引路人、创新思维的引路人、奉献祖国的引路人。他的讲话为教师的培养和专业成长指明了方向。

习近平总书记十分重视知识分子在社会主义现代化建设中的地位和作用。2014 年 4 月，习近平总书记在安徽与知识分子、劳动模范、青年代表座谈时说，全面建成小康社会，我国广大知识分子能够提供十分重要的人才支撑、智力支撑、创新支撑。2017 年 3 月 4 日，在全国政协十二届五次会议期间，习近平总书记在看望民进、农工党、九三学社的政协委员时说，我国知识分子历来有浓厚的家国情怀，有强烈的社会责任感，重道义、勇担当。

习近平总书记希望我国广大知识分子自觉做践行社会主义核心价值观的模范，坚持国家至上、民族至上、人民至上，身体力行带动全社会遵循社会主义核心价值观；积极投身创新发展实践，不断攀登创新高峰。他要求各级领导要为广大知识分子工作学习创造更好的条件。

习近平总书记站在治国理政的高度，以世界发展大局的视野，论述了我国教育的理论问题和实践问题，高瞻远瞩，具有政治性、思想性、科学性、时代性，不仅丰富了我国教育理论宝库，同时指导着我国教育改革和发展的方向。

（二）习近平关于教育的重要论述开创新时代中国教育工作的新局面

习近平总书记在治国理政中，对教育工作提出了一系列富有创见的新理念新思想新观点，回答了一系列方向性、全局性、战略性重大问题，并形成了一系列重要论述，这标志着我们党对教育规律的认识达到了新高度，为推进新时代教育改革发展提供了强大思想武器。这一系列的重要论述是在社会主义现代化建设面临新的机遇与挑战，在总结社会主义教育实践经验的基础上逐步形成和发展起来的，具体分为以下几个层面：

一是加强党对教育工作的全面领导是办好教育的根本保证。中国特色社会主义最本质的特征是中国共产党领导，中国特色社会主义制度的最大优势是中国共产党领导，党是最高政治领导力量。习近平总书记强调，做好教育工作，加强党的领导是根本保证。教育部门和各级各类学校的党组织要增强“四个意识”、坚定“四个自信”，坚定不移维护党中央权威和集中统一领导，自觉在政治立场、政治方向、政治原则、政治道路上同党中央保持高度一致。要坚持党管办学方向、管改革发展、管干部、管人才，牢牢掌握党对教育工作的领导权，使教育系统成为坚持党的领导的坚强阵地。习近平总书记这些重要论述，明确了党是领导教育事业发展的核心力量，是办好中国教育的最大政治优势，强调了办好新时代中国特色社会主义教育要牢牢掌握党对教育工作的领导权这一根本要求。

二是促进学生德智体美劳全面发展。学校立身之本在于立德树人。习近平总书记强调，培养什么人，是教育的首要问题。我国是中国共产党领导的社会主义国家，这就决定了我们的教育必须把培养社会主义建设者和接班人作为根本任务，培养一代又一代拥护中国共产党领导和我国社会主义制度，立志为中国特色社会主义伟大事业奋斗终身的有用人才。要把立德树人的成效作为检验学校一切工作的根本标准，健全全员育人、全过程育人、全方位育人的体制机制，在坚定理想信念上下功夫，在厚植爱国主义情怀上下功夫，在加强品德修养上下功夫，在增长知识见识上下功夫，在培养奋斗精神上下功夫，在增强综合素质上下功夫，培养德智体美劳全面发展的社会主义建设者和接班人。习近平总书记这些重要论述，进一步回答了新形势下培养什么人、怎样培养人、为谁培养人这个根本问题，明确了各级各类学校要坚持办学正确政治方向、培养社会主义建设者和接班人这一教育现代化的方向目标。

三是教育是国之大计、党之大计。教育兴则国家兴，教育强则国家强。今天，没有哪一项事业像教育这样影响甚至决定着接班人问题，影响甚至决定着国家长治久安，影响甚至决定着民族复兴和国家崛起。2017 年 10 月 18 日，习近平在中国共产党第十九次全国代表大会上指出："建设教育强国是中华民族伟大复兴的基础工程，必须把教育事业放在优先位置，深化教育改革，加快教育现代化，办好人民满意的教育。"习近平总书记还强调，教育是功在当代、利在千秋的德政工程，对提高人民综合素质、促进人的全面发展、增强中华民族创新创造活力、实现中华民族伟大复兴具有决定性意义。要坚持把优先发展教育事业作为推动党和国家各项事业发展的重要先手棋，不断使教育同党和国家事业发展要求相适应、同人民群众期待相契合、同我国综合国力和国际地位相匹配。习近平总书记这些重要论述，站在党和国家工作全局的高度，阐明了教育的特殊地位和重要作用，作出了优先发展教育，以教育现代化支撑国家现代化，加大投资于人的力度等战略部署。

四是牢牢坚持社会主义办学方向不动摇。教育是培养人的事业，方向问题从来都是第一位的。习近平总书记强调，新时代贯彻党的教育方针，要坚持马克思主义指导地位，贯彻新时代中国特色社会主义思想，坚持社会主义办学方向。要让学生深刻感悟马克思主义真理力量，为学生成长成才打下科学思想基础。思想政治工作是学校各项工作的生命线，各级党委、各级教育主管部门、学校党组织都必须紧紧抓在手上。要精心培养和组织一支会做思想政治工作的政工队伍，把思想政治工作做在日常、做到个人。2016 年 9 月 9 日，习近平在北京市八一学校考察时讲道："基础教育是立德树人的事业，要旗帜鲜明加强思想政治教育、品德教育，加强社会主义核心价值观教育，引导学生自尊自信自立自强。"在大中小学循序渐进、螺旋上升地开设思想政治理论课非常必要，是培养一代又一代社会主义建设者和接班人的重要保障。习近平总书记这些重要论述，从进行伟大斗争、建设伟大工程、推进伟大事业、实现伟大梦想的战略高度，阐明了教育要牢牢把握的政治原则，强调了新时代学校思想政治工作的极端重要性，为我国教育事业发展指明了前进方向。

五是扎根中国大地办教育体现中国特色。中国的事情必须按照中国的特点、中国的实际办，这是解决中国所有问题的正确之道。习近平总书记强调，我国有独特的历史、独特的文化、独特的国情，教育必须坚定不移走自己的路。要扎根中国、融通中外，立足时代、面向未来，发展具有中国特色、世界水平的现代教育。习近平总书记这些重要论述，充分彰显了中国教育的坚定自信，强调了办好新时代中国特色社会主义教育，必须坚定走中国特色社会主义教育道路这一核心要求。

六是不断促进教育事业发展成果更多更公平惠及全体人民。全心全意为人民服务是我们党的根本宗旨。2016 年 9 月 9 日，习近平在北京市八一学校考察时发表重要讲话时指出："要加强对基础教育的支持力度，办好学前教育，均衡发展九年义务教育，基本普及高中阶段教育。要优化教育资源配置，逐步缩小区域、城乡、校际差距，特别是要加大对革命老区、民族地区、边远地区、贫困地区基础教育的投入力度，保障贫困地区办学经费，健全家庭困难学生资助体系。要推进教育精准脱贫，重点帮助贫困人口子女接受教育，阻断贫困代际传递，让每一个孩子都对自己有信心、对未来有希望。"人民对美好生活的向往，就是我们的奋斗目标。教育公平是社会公平的重要基础，要以教育公平促进社会公平正义，努力让每个人享有受教育的机会，获得发展自身、奉献社会、造福人民的能力。习近平总书记这些重要论述，着眼社会主义本质要求，强调了办教育是为了人的发展、为了人民的发展这一基本价值取向。

七是深化改革激发教育事业发展生机活力。改革是决定当代中国命运的关键一招，中国特色社会主义是与时俱进的事业，改革开放只有进行时没有完成时。2014 年 8 月 18 日，习近平主持召开中央全面深化改革领导小组第四次会议时讲道："考试招生制度是国家基本教育制度。总体上看，我国考试招生制度符合国情，同时也存在一些问题。必须通过深化改革，促进教育公平、提高人才选拔水平，适应培养德智体美全面发展的社会主义建设者和接班人的要求。"强调必须更加注重改革的系统性、整体性、协同性，及时研究解决教育改革发展的重大问题和群众关心的热点问题，以改革激活力、增动力。要扩大教育开放，同世界一流资源开展高水平合作办学。习近平总书记这些重要论述，贯穿着强烈的改革创新精神，为教育改革发展提供了科学的方法论。改革创新是时代发展的不竭动力，只有坚持深化改革不动摇，不断释放制度红利，才能使我国教育越办越好、实现由教育大国到教育强国的历史跨越。

八是服务经济社会发展全局是教育的重要使命。建设社会主义现代化强国，发展是第一要务，创新是第一动力，人才是第一资源。习近平总书记强调，实现“两个一百年”奋斗目标、实现中华民族伟大复兴中国梦，归根结底靠人才、靠教育。要为人民服务，为中国共产党治国理政服务，为巩固和发展中国特色社会主义制度服务，为改革开放和社会主义现代化建设服务。习近平总书记这些重要论述，立足当前国际发展大势和国家经济社会发展全局，强调了新时代教育要紧紧围绕统筹推进“五位一体”总体布局、协调推进“四个全面”战略布局，不断提升与经济社会发展契合度，为社会主义现代化建设提供强大人才和智力支撑这一历史使命。

九是全党全社会要弘扬尊师重教的社会风尚。教师是立教之本、兴教之源。教师是人类灵魂的工程师，是人类文明的传承者，承载着传播知识、传播思想、传播真理，塑造灵魂、塑造生命、塑造新人的时代重任。习近平总书记强调，必须从战略高度认识加强教师队伍建设的重大意义，引导教师做有理想信念、有道德情操、有扎实学识、有仁爱之心的好老师，做学生锤炼品格、学习知识、创新思维、奉献祖国的引路人。要努力提高教师政治地位、社会地位、职业地位，让广大教师享有应有的社会声望，在教书育人岗位上为党和人民事业作出新的更大的贡献。教育投入要更多向教师倾斜，不断提高教师待遇，让广大教师安心从教、热心从教。习近平总书记这些重要论述，鲜明指出了教师队伍建设对教育事业发展的关键性作用，对广大教师寄予殷切期望，对全党全社会提出尊师重教要求，是新时代教师队伍建设的重要遵循。

（三）习近平关于教育的重要论述是推进新时代教育事业新发展的行动指南

学习与实践习近平总书记关于教育的重要论述，要增强“四个意识”，坚定“四个自信”，做到“两个维护”，全面加强党对教育工作的领导，全面贯彻党的教育方针，加快推进教育现代化、建设教育强国、办好人民满意的教育。

一是将教育优先发展落到实处，加快教育现代化步伐。推动各级党委、政府落实教育优先发展战略，做到经济社会发展规划优先安排教育发展、财政资金投入优先保障教育投入、公共资源配置优先满足教育和人力资源开发需要。加强教育经费执行情况统计监测，确保财政一般公共预算教育支出逐年只增不减，确保按在校学生人数平均的一般公共预算教育支出逐年只增不减，保证财政教育投入持续稳定增长，保证国家财政性教育经费支出占国内生产总值的比例一般不低于4％。

二是落实立德树人根本任务，培养德智体美劳全面发展的社会主义建设者和接班人。2018 年 5 月 2 日，习近平在北京大学师生座谈会上讲话说：“要把立德树人的成效作为检验学校一切工作的根本标准，真正做到以文化人、以德育人，不断提高学生思想水平、政治觉悟、道德品质、文化素养，做到明大德、守公德、严私德。”2018 年 9 月 10 日，他在全国教育大会上讲道：“要把立德树人融入思想道德教育、文化知识教育、社会实践教育各环节，贯穿基础教育、职业教育、高等教育各领域，学科体系、教学体系、教材体系、管理体系要围绕这个目标来设计，教师要围绕这个目标来教，学生要围绕这个目标来学。凡是不利于实现这个目标的做法都要坚决改过来。”要始终坚持正确办学方向，以凝聚人心、完善人格、开发人力、培育人才、造福人民为工作目标，培养一代又一代全面发展、担当民族复兴大任的时代新人；努力构建德智体美劳全面培养的教育体系，形成更高水平的人才培养体系；坚持“健康第一”基本理念，完善政策体系和风险防范体系，让学校放手开展体育运动；配齐配好美育教师，坚持面向人人、重在素质，提高学生审美和人文素养；加强劳动教育，教育引导学生崇尚劳动、尊重劳动。

三是全面完善政策体系，努力造就党和人民满意的高素质专业化创新型教师队伍。健全师德师风建设长效机制，落实新时代教师职业行为“十项准则”。办好师范教育，加强教师培训，推进编制、岗位、职称、人事等制度改革，进一步调动广大教师教书育人的积极性主动性创造性。加大对乡村教师在政策和待遇上的倾斜，鼓励他们扎根农村，留得住、教得好、有发展。

四是推进教育改革创新，努力形成充满活力、富有效率、更加开放、有利于科学发展的体制机制。2018 年 9 月 10 日，习近平在全国教育大会上讲话说：“要深化教育体制改革，健全立德树人落实机制，扭转不科学的教育评价导向，坚决克服唯分数、唯升学、唯文凭、唯论文、唯帽子的顽瘴痼疾，从根本上解决教育评价指挥棒问题。”要深化教育评价改革，优化资源配置，打赢打好教育脱贫攻坚战，持续缩小城乡、区域、校际、群体教育发展差距，大力提高教育基本公共服务水平；不断提升教育服务经济社会发展能力，落实好《国家职业教育改革实施方案》，深化产教融合、校企合作，培养更多高素质劳动者和技术技能人才；推进高等教育内涵发展，建设高水平本科教育，推进一流大学一流学科建设，加快产学研协同创新，尽早突破关键核心领域的“卡脖子”问题；加快和扩大教育对外开放，加强同世界各国的互容、互鉴、互通，不断提升我国教育的世界影响力。

五是坚持和加强党对教育工作的全面领导，为教育改革发展提供坚强政治保证。用习近平新时代中国特色社会主义思想武装头脑，持续开展习近平新时代中国特色社会主义思想的学习、研究、宣传、阐释工作。切实加强学校思想政治工作，牢牢掌握意识形态工作领导权。大力加强高校院系、民办学校、中外合作办学和中小学党建工作，实现“纵到底、横到边、全覆盖”。纵深推进教育系统全面从严治党，加强党员日常教育管理，持之以恒正风肃纪，深入推进反腐败斗争，建立巡视整改长效机制，打好作风建设持久战，营造风清气正的良好政治生态。

习近平关于教育的重要论述不仅为我们理解教育提供了全新的思维方式和理念，而且为我国教育理论的创新、教育体制的改革和教育事业的发展指引了方向，从而为实现教育的全民化、民主化、终身化和国际化奠定了扎实的基础。习近平关于教育的重要论述在理论上发展了马克思主义教育思想，丰富了中国特色社会主义理论体系。在实践中，习近平关于教育的重要论述为推进我国教育现代化提供了科学指南，为全面深化教育体制改革提供了理论指导，为促进人的自由全面发展指明了现实道路。

第三章　国外的体验教育

一、国外体验教学的历史

（一）古希腊的体验教学

国外最早的体验教育来自古希腊。古希腊人和雅典人的教学理念在于，通过多种活动的教学使学生在体力、智力、美感和品德等方面得到全面培养。他们的教学活动通常是通过直接的体操、音乐等活动让学生在学习过程中不但学会了知识的技巧，也陶冶了情操与道德，不但锻炼了身体，也提升了意志。而这些都是在实际活动中陶冶完成的。可以这样说，体验教育的萌芽早在古希腊哲学家苏格拉底那里已经初见端倪。苏格拉底与学生谈论各种问题时，并不是直截了当地否定学生的错误观点，进而向学生灌输正确的答案，而是通过问答、交谈与辩论来使学生逐步意识到自己旧有观点的错误与荒谬，从而一步步地接近正确的答案。苏格拉底之所以使用这种问答教学方法，是因为他认为知识不可以移植，也不可以经由教学直接传入学生的心灵；真理就存在于人的心灵里，要寻找真理必须从自己内心去认识和探求。教师的任务并不是要臆造和传播真理，而是要做一个新知识的“助产婆”，把存在于学生内心的知识导引出来，让学生自己去发现存在于内心的真理。从这点来看，尽管这种问答法把获得一般规律性的知识作为教学的中心任务，教学的目的是让学生在问答的过程中排除非本质的成分，进而把握事物的本质，但他重视让学生自己去经历认识和追寻事物本质的过程，使学生在获得知识概念的同时，也有了探寻知识、追求真理的体验，而这种体验又有助于学生正确认识自己。可以说这种问答法是一种重视让学生体验学习过程的方法。

（二）文艺复兴时期的体验教学

夸美纽斯认为，在教学中不能违背儿童的天性、年龄特点，应使儿童顺其自然地得到发展。他把人看作自然的一个部分，因而人的发展以及对人进行教育的活动也应服从自然的普遍法则。教学应该适应自然，不能违背儿童的天性与成长的规律，教学应模仿自然，用自然的普遍法则来指导教学的一切活动。夸美纽斯把教学活动等同于自然现象和机械运动显然有失公允，但他的自然适应性原则闪烁着深厚的人性光彩，对儿童的自然天性渗透着特别的关爱。

（三）近代的体验教学

卢梭反复强调要爱护儿童，珍视短暂的童年生活。他要求关心儿童的游戏，要求允许儿童充分进行自由活动而不应强制儿童像服苦役似的不断读书。成人不应该使儿童那转瞬即逝的岁月充满痛苦，不要剥夺大自然给他们的短暂的时间，而要爱护儿童，帮他们做游戏，使他们快乐，培养他们可爱的本能，要让天真烂漫的儿童享受那稍纵即逝的时光，让儿童度过始终是喜笑颜开、心情恬静的童年。卢梭反对不顾儿童的特点急于求成，反对让儿童在学习上“速成”，认为那是违背儿童天性的。教学是不能吝惜时间的，急于求成、贪多求快、揠苗助长的做法是极其荒唐和危险的。因此，卢梭主张让儿童从生活中、从各种活动中进行学习，尽管速度较慢，但顺应了儿童的天性，能让儿童真正掌握知识并获得自然发展。

卢梭认为自然是知识的源泉，儿童应当从自然的环境中获取经验和感受，反对用空洞的书本知识来代替自然之书、社会之书，主张以世界为唯一的书本，以事实为唯一的教训。他这样写道：“孩子读书并不等于就是在运用思想，他只晓得读书；他不是在受教育，而是在学文句。”① 他认为让儿童从周围事物中学习最能引发儿童的兴趣，最容易为儿童理解，最切合他们的接受水平，而又有助于他们的生活能力的增长。如果过多地依赖于书本，就是依赖他人的判断，就是把他人奉为权威，以权威代替真理。

教育要服从自然的永恒法则，听任人的身心的自由发展。因此，教育的手段就是生活和实践，让孩子从生活和实践的切身体验中，通过感官感受去获得他所需要的知识。学生在体验中的学习是自己的学习，是在使用自己的感官而不是别人的感官，因而获得的理智是自己的理智而不是别人的理智。总之，通过体验产生正确判断的感觉才能形成正确观念，进而形成健全而独立的心灵。在卢梭看来，学以致用、行以求知是学习有价值的知识的最明白、最自然的方法，让学生在活动体验中学习，必然能使儿童在获得知识的同时，天性与能力得到自然的发展。

美国实用主义的教育家杜威主张教育是生活的过程，学校的课程必须与儿童的生活及经验发生联系，课程内容不应是为将来准备的、儿童必须接受的逻辑形式和抽象符号，而应是学生用以与周围世界进行对话、获得丰富体验的活生生的材料。杜威批判传统的教学只是从外面对儿童进行灌输，所采用的教学方法与儿童本身的需要没有联系，儿童的学习只是吞剥书本上和成人经验中的东西。他提

① 卢梭：《爱弥儿》，商务印书馆 1987 年版，第 217 页。

倡进步的学校教育应该“以表现个性和培养个性反对从上面的灌输；以自由活动反对外部纪律；以从经验中学习反对从教科书和教师学习；以获得为达到直接需要和目的的各种技能和技巧，反对以训练的方法获得那种孤立的技能和技巧；以尽量利用现实生活中的各种机会，反对为或多或少遥远的未来做准备；以熟悉变动中的世界反对固定不变的目标和教材”①。根本的方式是让学生“由做事而学习”。

“从做中学”的意义十分重大，杜威认为，其一，“从做中学”能引发儿童学习的内在动机。让儿童在他们喜欢的活动中学习，学习内容便不会成为空洞的、纯粹的符号而变得僵死和乏味，教材中的知识被引导到儿童的活动中，让他们在做的过程中去看到、感觉到、体验到，会让他们乐此不疲。其二，能满足儿童生长的需要。杜威从心理学的角度指出人有四种基本本能：制造的本能、交际的本能、表现的本能和探索的本能，由这四种本能的需要产生了人的四种兴趣，即制作、语言和社交、艺术表现与探究发现的兴趣，这些兴趣都是儿童在生长过程中所需要满足的，而制造、交际、表现和探索都属于“做”的范畴，因此让学生“在做中学”能满足儿童生长的需求。其三，能让儿童的智力真正得到发展。在杜威看来，理智的和理性的过程也是由动作引起的。

“从做中学”有如此重要的意义，那么如何实施呢？杜威建议：“第一，学生要有一个真实的经验的情景——要有一个对活动本身感兴趣的连续的活动；第二，在这个情景内部产生一个真实的问题，作为思维的刺激物；第三，他要占有知识资料，从事必要的观察，对付这个问题；第四，他必须负责有条不紊地展开他所想出的解决问题的方法；第五，他要有机会和需要通过应用检验他的观念，使这些观念意义明确，并且让他自己发现它们是否有效。”②

以上追溯了国外不同历史时期具有代表性的体验教学观。虽然那些哲学家、教育家在其论著中并没有明确提出“体验教学”的概念，但我们不难发现其中所蕴含的体验教学的思想。从教学目的上看，无论是古希腊的苏格拉底，文艺复兴时期的夸美纽斯，还是近代的卢梭和杜威，都十分关注人，关注人的生命特性，关注人格的完整和人性的完整。从教学内容上看，他们都很重视教学内容对于学生整体精神的陶冶作用。在师生关系方面，教育家们看重的不只是师生关系的认识意义，还看重其精神导引、生命发展的意义，看重师生平等对话、共同参与、共同创造。在教学方法上，他们都强调让学生通过自己的体验而不是教师的灌输来习得知识、锻炼心智、丰富情感、涵育精神。

---

① 赵祥麟、王承绪编：《杜威教育论著选》，华东师范大学出版社 1981 年版，第 347 页。

② 杜威：《民主主义与教育》，人民教育出版社 2001 年版，第 179 页。

二、美国的体验教育现状

2001年的一个调查表明，在美国参加选举的公民中94%的人认为，儿童和青少年应该在每天放学后进行有组织性的活动，或者社会应为儿童和青少年提供校外学习的场所。于是，许多慈善家已经决定投资于校外教育，支持社区教育、学校教育和家庭教育。联邦政府也在《21世纪的学习中心社区》中指出，在财政上，对校外教育的拨款将从1997年的100万美元增加到2002年的10亿美元；2003年有可能增加到15亿美元。而参加到哈佛校外教育计划中的儿童也比他们的同龄人有更多的学习机会，并且能参加更为丰富的社会实践活动。校外教育与优异成绩的获得、和谐人际关系的发展、良好心理素质的形成和解决冲突的灵活技能的提高都有直接的关系。这些事实证明：在教育改革和社区发展中，校外教育将是一个关键的因素。而体验教育是校外教育的主要形式，美国的体验教育大致有以下三种：社区共同体模式、理论应用模式、学校自主模式。协会、学校、专家分别是三个体验教育模式的核心。他们是体验教育的倡导和执行者，在身份和品性方面存在着很大的差异，这也决定了体验教育计划及其实施风格各不相同。

（一）社区体验教育

社区在发达国家的社会生活中占有重要地位，它是体验教育的重要机构。发达国家社区想尽一切办法，创造良好的环境，努力达到学校教育社区化，社区活动教育化，实现学校教育与社区教育有机结合的体验教育目标。

这些社区利用学校的体育、文化、娱乐设施开展经常性的社区活动，甚至把建成的博物馆、图书馆交由学校管理都是司空见惯之事。受杜威教育思想的长期影响，美国的学校教育普遍比较重视让学生通过生活体验和社会实践来学习知识、增长才能、陶冶情操。学校教育社区化大体可以分成两种情况：一种情况是依托普通大、中、小学校开展社区教育；另一种情况是直接创办新颖的社区学校或社区学院。“社区中每一个想要学习的人都可以在这里找到适合于他的一套桌椅。”

美国有两个非营利的、会员资格性质的体验式教育协会：国际体验式教育协会（AEE）和全国体验式教育协会。国际体验式教育协会面向各国从教育理论与实践工作者中招收会员，承担着鉴定各类体验教育计划、融通体验教育的国际视域、提供相关研究成果、出版信息等资讯，协会创办的《体验教育》杂志是国际体验教育理论研究进展的标志。创建于1971年的全国体验式教育协会则立足于国内体验教育的实践，成员资格面向教育者、商人、社会活动家等社会不同职业的人开放。协会也是促进全国范围内体验教育计划开展的全国资源中心，支持体验教育的以下目标：智力发展、跨文化与全球意识、公民与社会责任、伦理发展、就业教育、个人成长等。全国体验教育协会成员资格的开放性为协会活动参与者的广泛度提供了可能。全国社区体验教育计划的实质是体验教育共同体的建设，包括作为管理、协调、监督者的协会，作为理论指导者的大学或学院，作为体验教育实施者的学校，还有作为协作者的社区代理或协助机构等。

社区共同体的模式是以协会为核心，整合了高校、中小学校、专家和社会各方面的力量，为体验教育项目的开展提供了广阔的空间，也为学生体验的广度和深度提供了有力的环境支持。共同体的运行机制也促进了各方伙伴关系的形成。而这也将为体验教育向纵深领域拓展提供了可能，同时也为其他相关项目的继续开展提供了强有力的保证。但是社区共同体模式是在实施全国社区发展计划（NCDP）的过程中形成的，只有实现核心角色的转换，这一模式才真正具有长远的生命力。NCDP虽然保持了共同体的良好发展态势，但从长远的眼光看，如何使中小学校成为发展的动力源，同时又确保共同体的存在将是社区共同体模式需要面对并合理解决的问题。

（二）专项体验教育

“发展计划”是一种比较普遍的理论应用模式，基本流程为研究者在调查、了解实践问题的基础上，通过分析文献资料，提出新的观点或提出新的应用框架，然后选择合适的实验对象验证或实践新的理论。“发展计划”以体验教育项目为基础，致力于人格教育和学术教育的融合，旨在解决公立学校传统教育的痼疾。从运行机制看，“发展计划”只涉及研究者、教师、学生等主体因素，传统体验教育项目、人格教育、学术教育三者的关系以及处理这些关系所采用的策略等方面。“发展计划”体现出理论应用模式常见的几个特点：①先点后面。以希望中学为中心，在取得一定成效之后扩及科罗拉多等地的学校。②注重教师专业发展。“发展计划”坚持户外训练和杜威教育哲学的信条，关键是教师理念的转变及相应教育技能的形成。因此，“发展计划”中传统体验教育项目和教师专业发展工作的成效是计划成功与否的关键。此外，“发现计划”也表现出追求教育各领域体验一体化、注重信息技术手段的运用等独具的特色。

“发展计划”代表了美国体验教育发展的新动向：贯彻体验教育哲学，突破传统体验教育项目的局限，走向学术教育领域的改革。虽然“发展计划”的运行可能面临支持环境及学校持续发展等一些问题，但是为美国公立学校教育制度的变革提供了一种切实可行的新思路。

（三）学校体验教育

富勒敦学校模式的运行以校长为核心，包括外部可利用的支持环境和学校内部的整体改革两大方面。不同的主题、不同的取向的学校改革会有不同的侧重点，富勒敦学校改革过程中所涉及的学校形象、教师团队、家长团队、学生团队的建设却代表了学校自主发展涉及的几个基本层面。一是，学校对外部可利用的支持环境，主要是：学术会议、向专家的请教以及与同行的交流。二是，学校内部的整体改革，即以校长为核心，建立学校改进小组；再由改进小组制订体验计划和办学理念。教师团队、家长团队、学生团队都围绕这一办学的理念和计划来实施自己的活动，经学校改进小组的评核后报校长审阅。学校自主发展的动力源来自校长和教师。这种不竭的内驱力锻造了学校和家长强大的凝聚力，形成了鲜明的学校特色，确保了学校发展的持续性。但这一模式的运行也会受到校长素质、外部支持环境和学校原有基础等条件的限制。

（四）对美国体验教育的评点

美国的体验教育作为一种教育哲学，突破了中小学校传统项目的局限，成为整体教育改革的一种有效路径。总的说来有以下几点：

第一，发挥了学术团体的作用，在社区共同体的模式下，全国体验式教育协会发挥了两个作用：一是共同体的创建，聚合了中小学校、大学、社区机构以及协会职员、社区人员的力量；二是在协会经费、资源、人员及其他外部力量的支持下，合作学校开展体验教育计划并获得了持续发展的能力。而这样一个社区共同体将一切有利于体验教育的社会资源都有机统一在一起，并发挥了其最大的功效。我国的活动教育研究中心，是与美国体验式教育协会性质类似的学术团体，但苦于经费的原因，没有能够达到应有的效应。而美国体验式教育协会的运作模式正是我国活动教育中心要借鉴和学习的。

第二，体现了综合实践活动的取向及环境支持的重要性，综合实践活动是我国新课程体系的一个重要的组成部分。但是在教育实践领域，以事实研究为目标、技术操作为过程的知识主义与技能主义取向依然比较严重，学术课程与综合实践活动的分裂现象也比较普遍。美国的体验教育超越了经验教育的局限。美国中小学教育体验一体化的动向就是解决这一问题的努力。其中借助信息技术手段融合学术教育与人格教育的“发现计划”为教育理论实践提供了一种有效的思路。此外，社区共同体模式为我们阐释了综合实践活动支持环境的重要性。单个机构或个体所能触及的世界总是有限的，只有形成学校、社会、机构、行业组织、学术团体、家庭等多方面参与的共同体，综合实践活动才能获得更广阔的空间、更丰富的资源，学生才能够获得对社会、自然、自我更深刻、更全面的切身体验。

第三，教师专业发展是体验教育计划和教育整体改革的关键。美国体验教育运行模式中教师的专业发展分别采取了合作伙伴、理论培训、实践训练等形式。其中，在我国新课改的背景下，后者是我国教师教育忽视的。美国的体验教育中实践训练的教师成长方式表现为：一是实践参与转变了教师教育理念。二是教师是实践课程的开发者和生成者，这点必须要求教师有很高的专业素质。教师的专业成长是与教师教育课程的建设同行的，这样教师才能真正成为教育理论与教育实践的结合点和统一者。

三、日本的体验教育现状

（一）体验教育的形式

随着国际化、信息化和知识经济到来，日本和其他国家一样正面临着新的发展机遇和挑战。曾以教育立国而著称的日本，面对新的发展环境，期望建设一个具有国际竞争力，新的文化价值体系和丰富精神生活的社会。日本文部省自20世纪80年代以来，大力提倡并推广“体验学习”活动，通过内容丰富、形式多样、便于操作、富有实效的体验活动，培养学生的生存能力、创造力、劳动观念和集体协作精神，以发展个性、充实学生的内心世界、养成内在的道德性。日本教育审议会发表的咨询报告，从培养生存能力的高度，指出了体验教育的重要性。该报告认为，体验是孩子们的食粮，是培养生存能力的基础，从体验中学习实际的生活和了解社会、自然的能力；基于体验得到认识和思考，通过处理现实生活中的各种问题，不断提高和强化自己的综合能力。日本的体验学习活动在学校、家庭、社区、乡村、大自然中广泛推行，主要有以下几种形式：

1. 自然体验教育

随着日本工业化、都市化、信息化的发展以及国民物质生活的提高和生活环境的变化，青少年儿童与大自然接触的机会越来越少。为了克服这种弊端，加深青少年对大自然、对农村生活的体验，提高道德实践能力，培养儿童和青少年的社会责任感和奉献精神，日本文部省大力提倡和推行体验大自然活动。主要包括一系列的专项体验活动（“儿童之水边再发现计划”“儿童自由空间创造计划”“森林之子活动推进计划”“触摸自然科学计划”等①）和建立“自然教室”的活动。日本文部省从1984年决定在中小学实施并推行“自然教室”的活动。“自然教室”是通过组织学生在自然环境中过有规律的住宿生活，获得平时在学校生活中不能获得的体验。现在日本建立了700所公立“自然教室”的教育设施，学生们在这些设施里住宿一周，从事野外观察，在篝火旁露营②。兴办“自然教室”可以让学生在城市与农庄、渔村以及森林、河流、海滨等大自然的接触之中，体

① 吴忠魁：《日本文化立国战略与基础教育改革的新发展》，《比较教育研究》2001年第4期。

② 傅兵儿：《日本中小学道德教育的方法及启示》，《现代中小学教育》2001年第4期。

验同龄人及非同龄人的集体生活。通过观察大自然的变化以及人类对大自然的利用和改造，使学生加深对大自然的作用、人类与大自然的关系以及人类改造大自然能力的理解，从而使学生对生命和自然产生爱心、敬畏之心。同时也培养学生独立生活的能力和正确的生活态度，形成刻苦、忍耐、自制、自立等坚强意志和积极进取的心态。

2. 生产劳动体验教育

日本中小学每年都要定期组织学生参加生产劳动。日本将劳动课列入教学计划，并对劳动内容作了明确规定。许多小学为了帮助学生了解农业，特地开设生产劳动的体验课，在高年级还开展种植水稻的活动。他们在本地行政、农业等部门的支持下，参与了水稻种植的全过程，最后集体用自己辛苦收获的稻米。让学生参与到劳动的每一个环节，体验劳动成果的喜悦，增强劳动创造生活、建设美好家园的情感和意识。同时学生也学到了学校和书本上学不到的东西，真正理解“粒粒皆辛苦”的含义。有的学校从本地实际出发，指导学生制作陶艺和参加渔业劳动。学生的劳动过程，既是劳动知识、技能的培训过程，又是培养劳动态度，体验劳动感情，参与家乡建设的教育课程。

3. 磨难体验教育

日本是一个工业化、城市化和现代化程度高度发达的国家，过去以手工劳动为主的家务劳动逐渐被先进的家用电器所取代，中小学生缺乏必要的家务劳动和磨难教育。为了培养学生的能力和吃苦耐劳的精神，日本学校对中小学生人为地设置磨难课程，对学生进行磨难教育，如让学生参加用扁担挑水、用洗衣板洗衣服、用炉子生火等传统的体力劳动。目前，日本各类学校普遍开设家政课，教学生洗衣、做饭等日常的家庭事务。学生参加此类实践活动，有助于增长知识和见识，增强人际交往能力、组织活动能力，有助于增强学习的兴趣和动力，进一步认识到知识的重要性。此外日本中小学几乎每年定期举办“田间学校”“孤岛学校”“森林学校”，由社会、学校、家长联合组织学生到艰苦的环境中去体验和经受磨难，培养吃苦耐劳、自我生存、与自然共存的能力和精神，树立克服困难、奋发图强的信心。

除以上提到的自然体验、生产劳动体验和磨难体验之外，还有为特定目的而设定的各种体验活动。通过多种多样的体验活动使学生在体验之中获得知识，掌握技能，培养人格，陶冶情操。

（二）体验教育的教学设施的建立

为配合各类体验教育的开展，日本十分重视有利于体验教育开展的各类校外教育设施的建立。各类校外教育设施均位于不同的生活圈域，它与少儿日常生活联系的紧密程度不尽相同，因而其服务方式、活动特点也有所不同。

地区生活圈域内的校外教育设施位于少儿居住地附近，属于就近活动型，如地区公民馆、图书馆分馆、儿童馆、儿童游乐园、街区公园、运动场、室外游泳池等。这些教育设施属于社区教育文化设施，平时与地区的少儿联系紧密，不少设施的组织管理也注意依靠本地区少儿教育团体的协助参与，服务方式灵活多样，许多利用课后、休息日对附近少儿免费开放，使用效率较高。地区生活圈域内的校外教育设施，位于人们日常生活间，一般不超出市町村的区域范围，其活动形式属于一日往返型。例如中央公民馆、中央图书馆、综合运动场、综合体育馆、室内游泳池、儿童中心等都属于此类设施。广域生活圈域的校外教育设施，不属于人们日常生活空间，一般超出市町村的区域范围，其活动方式除一日往返型外，许多是住宿型的。这些设施如少年自然之家、综合性博物馆、野营地、自然公园等，大多为国家、都道府县所设立。校外教育设施的合理布局，有利于满足少儿不同的学习需求，而且，随着校外教育事业的进一步发展，各种校外教育设施也将加强沟通协调，提高综合的使用效益。以下对各类校外教育设施择要地作一介绍。

1. 国立奥林匹克纪念青少年总合中心

作为日本国立青少年校外教育的核心机构，国立奥林匹克纪念青少年总合中心具有三方面的职能：①为青少年团体、俱乐部、学校等承办各种活动，如联欢娱乐、艺术表演、集会讲演、体育活动等；②中心独立主办的活动和工作业务，包括青少年指导者的研修，青少年教育的研究交流，与各地青少年教育机构、团体的联络、协作等；③开展青少年校外教育的调查研究，收集、汇总有关青少年校外教育设施与活动的情况资料。

2. 少年自然之家

它是促进少年儿童接受自然体验、身心锻炼和集体生活锻炼的校外教育设施。其教育目的包括三个方面：①在接触大自然的过程中，培养少儿亲近、热爱自然之情；②通过集体住宿生活，培养少儿守纪、合作、友爱、奉献的精神；③在自然环境中促进少儿身心锻炼，培养自我实践、创造的态度。少年自然之家的活动对象主要是在校小学生，其中又以四、五年级学生为主。

3. 儿童文化中心

这是综合性的少儿校外教育设施，其设立目的是通过少儿的动手实践普及科学文化，组织文化活动培养少儿良好的情操，针对少儿的实际情况开展咨询指导等。内部设施包括集会、图书、音乐、科学、绘画、理科实验、游戏、咨询等专用教室，配备有各种科学模型、实物、实验器材、电化教具、天文观测仪、图书等。

4. 儿童馆等社会福利设施

儿童福利设施的设置目的在于给儿童提供健全的游戏机会，增进身心健康，培养丰富的情感。儿童福利设施一般可分为室内型与室外型两类，儿童馆、儿童中心、儿童会馆等属于前一类，儿童公园、儿童游乐园等属于后一类。这些福利设施不仅仅作为儿童生活保育的场所，也是校外教育的阵地，对丰富儿童生活，促进健康成长发挥着综合的作用。随着社会都市化的出现，特别在城市地区，人口拥挤，住宅密集，儿童游玩场地严重不足，伙伴生活的体验普遍缺少，为此，增设儿童室外活动场地显得十分必要。

5. 公民馆

公民馆为各个年龄阶段的地域居民提供学习机会，包括少年儿童。公民馆通过设立游戏室、美术室、音乐室等专用活动室，开展游戏、美术、音乐、体育等活动为少年儿童服务。

6. 图书馆

地方公共图书馆是对地域居民提供图书、资料、情报信息服务的社会教育机构。大多数图书馆设有专门为少儿阅读服务的场所，各公共图书馆将少儿作为主要读者对象之一，普遍注意收藏各种儿童图书，同时采取多种形式为少儿对象服务，如组织少儿读书会，指导开展书展、书评等读书活动；改变出借方法，设立移动图书馆，方便远距离的少儿读者借阅，举办夏季野外图书馆；编印儿童书目和书评广告资料等。

7. 博物馆

博物馆是通过实物资料来促进人们社会学习活动的重要教育设施。除直接冠以“博物馆”之名的设施外，还有许多同类的设施，如美术馆、科学馆、历史民俗资料馆、乡土资料馆、动物园、植物园、水族馆等，广义地这些设施都属于博物馆。运用博物馆对少儿进行校外教育是普遍而富有实效的方法。各类博物馆也十分重视为少儿服务，注意提高教育的实效性，主要表现在：①建设少儿专用设施，不少地方设立儿童博物馆、儿童科学馆等，许多博物馆、美术馆辟有儿童游戏室、绘画室、手工室，科学馆设有实验室、科学教室等。②开展体验性活动，强调少儿直接的动手参与。许多科学馆、博物馆内的模型、标本等展品能让小学生动手操作，使参观、实验合为一体。美术馆、资料馆注意增添参观活动的情趣性，开展“美术探险”“历史探访”等活动。③为少儿编印各种说明解释材料，通过照片、模型、图表、电影、录像等丰富补充实物资料，增加展品的知识、信息含量。

上述校外教育设施不仅仅为少年儿童提供校外教育的活动场所，更主要的是配有一支专职的教育指导队伍，对少儿开展活动提供直接的专业性的咨询指导。近年来，日本更加重视校外教育人员的培训，形成了以国立教育会馆社会教育研修所为中心的培训机构体系。

（三）对日本体验教育模式的评点

进入20世纪90年代，随着经济全球化，知识经济时代的来临以及后工业社会对复合型、综合型、有创新能力的人才的需求，学校、教师及学生被赋予了选择权和自主权。在课堂组织和实施上倡导自由选择、自己负责。典型代表就是体验教育的个性化、特色化的实施，日本的体验教育主要凸显出了以下几点：

1. 注重基础能力训练以及基础知识的积累

让学生接触自然，与自然和平相处，陶冶身心，多样化地体验亲手创造有价值的事物的文化内涵，并进一步发现和明确自己的人生方向，这也充分体现了日本文化立国的战略思想，即培养学生切实掌握社会生活的规则，加强培养正义感、伦理现、同情心等丰富人性的“心的教育”以及培育在国际化急速发展的时代，珍视日本的历史、传统与文化，具有丰富国际感觉的日本人。

2. 体现人本主义教育观念

在体验教育过程中旨在培养青少年儿童独自思考问题能力和独立生存能力，即独立发现问题、自主地学习和思考、判断问题，以培养青少年儿童具备解决问题的资质和能力；掌握学习和思考问题的方法，使儿童和青少年具有自主地、富有创造性地解决问题和探究活动的态度，并能够思考自己的生存方式。为此，“自然学校”教育就是通过学校生活的全部来培养学生的主体性，使学生愉快地成长，满足并发展学生的兴趣和爱好；教师和学生、学生和学生之间要相互信赖和学习，使每一个人切实感受自我实现的喜悦。

3. 加强青少年儿童的认知、情感、技能等综合能力的融合

就体验课程标准的目标内容而言，不仅强调习得表述文化、规范文化已有的知识和技能这类教学性目标，而且相对于具体、明确且可操作和评价的各年级行为目标，还注重表现性目标和解决性目标。表现性目标旨在培养学生的创造性，强调个性化；解决性目标重点放在认知灵活性，理智探索和高级心理过程上，而不是特定的行为，从而将认知性教育目标、情感性教育目标和技能性目标三者有机地整合为一体。

日本的体验教学模式尤其注重学生在学习中的主体性地位。各种体验教学活动的开展无一不是以学生的主动参与作为主要因素。自然体验、生产劳动体验以及磨难体验活动的主体都是参与体验活动的学生个人。通过学生对各种体验的直接参与，让他们获得直接的知识，并且培养了独立的人格和能力。另一方面，体验教学作为一种不同于传统学校教育的模式，需要国家对于教育设施的投入。体验教学作为一种校外教育，它的顺利开展必须以便利的教学设施作为物质保障。日本对于教学设施建设的大力投入和支持很好地诠释了他们对于体验教学的理念。日本的体验教学，无论就其教学模式还是就其对教学设施资源的大力建设和

支持方面，对于我国的体验教育的开展都具有十分重要的意义。

但是，我国的体验教育的开展又不能简单地照搬外国模式。无论是美国模式还是日本模式都是结合自身的国情而开展的具体的体验教育活动。要开展我国的体验教育，则必须以本国国情为出发点，在借鉴国外经验的基础上走一条有中国特色的体验教学道路。

第四章　国内的体验教育

一、国内体验教育的历史

（一）孔子的教学思想

孔子明确提出教学目的是要培养具有智、仁、勇、艺、礼、乐等多方面素质的“士”“君子”。他主张通过修德讲学，博文约礼来培养学生德才兼备的品质。孔子认为教学过程是学、思、习、行的过程，并强调“乐学”在教学过程中的重要作用。他说：“学而不思则罔，思而不学则殆。”[①] 他指出单纯的“学”或“思”都存在片面性，应把两者结合起来。此外，“习”在教学过程中也很重要。他说：“学而时习之，不亦乐乎?”[②] 他又说：“温故而知新。”并要求学生把“习”作为每天反省的内容之一。如此看来，“习”不只是复习、巩固以前学过的知识，还应通过“习”来知道更多的内容，把已学的知识加以内化而真正成为自己内在的修养。关于“行”，孔子认为“行”应当以“学”为基础，但更重要的是将学到的东西付诸实践，学以致用。如学习道德，知道了社会道德规范，就要“笃行之”，体现于生活实践中，做到当仁不让、闻义能徒、择善而从、知过能改，把自己的道德认识和道德实践统一起来。

孔子在其教学生涯中提出了著名的“不愤不启，不徘不发”[③] 的教学原则，要求教学必须让学生自主思考，只有当学生处于想弄懂而未得、想说出而不能的状态时给以启发诱导，教学才会取得良好的效果。这一原则的基本要点是，教师的引导要建立在学生自觉需要的基础之上，要激发学生学习的兴趣，使学生产生强烈的求知欲望和欲罢不能的学习冲动，培养学生学习的自觉性。孔子还十分推崇“内省”的方式。“见贤思齐焉，见不贤而内自省也。”[④] 这种内省的过程实际

---

① 《论语·为政》。

② 《论语·学而》。

③ 《论语·雍也》。

④ 《论语·里仁》。

就是一种移情体验的过程。内省不仅有认知参与，还有情感态度的参与，内省依靠主体自觉，不自觉也就难于真正进行内在的反省。内省的结果不仅能提高认识，更能产生情感、信念和行为。内省不只是用于道德修养，其他各方面的修养也可以通过内省来提高。

（二）王守仁的教学思想

王守仁是明中叶著名的教育家，宋明心学集大成者。他在长期讲学中积累了大量的经验，并对教育教学多有独到的论述。他认为教学的目的在于“致良知”，“致”为修养之意，“良知”即是天理，是“心之本体”。良知是与生俱来、先天本有，即所谓“不待学而有，不待虑而得者”①。良知是人人皆有的，不分圣愚，“良知之在人心，无间于圣愚”②。不过，良知在与外物接触中，由于受物欲的引诱，会受昏蔽，教育的作用就在于去除物欲对于良知的昏蔽，用王守仁的话说，良知“不能不昏蔽于物欲，故须学以去其昏蔽”，“君子之学，以明其心，其心本无昧也，而欲为之蔽，习为之害，故去蔽与害而明复”③。这些观点无疑具有合理的成分。他说：“知行工夫本不可离……故有合一并进之说。”其中“知是行的主意，行是知的工夫”④。他又说：“知之真切笃实处，即是行；行之明觉精察处，即是知。”⑤ 可见王守仁反对把知行割裂开来，强调知中有行，行中有知，知行相互包含、相互渗透。在知行合一的过程中，王守仁还强调意志的作用。他说：“夫学，莫先于立志。志之不立，犹不种其根而徒事培拥灌溉，劳苦无成矣”⑥，并说：“既知至善之在吾心，而不假于外求，则志有定向，而无支离决裂、错杂纷纭之患矣”⑦。可见教学过程是个体知、行乃至整个心理功能整体推进和提高的过程。在教学方法上，王守仁反对压制、束缚而主张自觉自愿的原则。他指出当时儿童教学不是用礼义来引导他们、用善德来培养他们，而只是督促儿童读书习字，责备他们修身，对待他们用鞭打，用绳缚，就像对待囚犯一样。这样做的结果是，儿童“视学舍如囚狱而不肯入，视师长如寇仇而不愿见，规避掩复，以遂其嬉游。设诈饰诡，以肆其顽鄙，偷薄庸劣，日趋下流”⑧，认为教学应顺应儿童自然的性情。他说：“今教童子，必使其趋向鼓舞，中心喜悦，

---

① 《书朱守乾卷》。

② 《王文成公全书》。

③ 《王文成公全书》。

④ 《传习录答顾东桥书》。

⑤ 《传习录答顾东桥书》。

⑥ 《王文成公全书》。

⑦ 《大学问》。

⑧ 《训蒙大意示教读刘伯颂等》。

则其进自不能已。譬之时雨春风，沾被卉木，莫不萌动发越，自然日长月化”①，要求教师如时雨春风来启发诱导、教化学生。

（三）蔡元培的教学思想

蔡元培认为教学应促进学生形成健全的人格。他说：“教育是帮助被教育的人，给他能发展自己的能力，完成他的人格，于人类文化上能尽一分子的责任；不是把被教育的人，造成一种特别的器具，给抱有他种目的的人去应用的。”②他指出旧式的教学摧残儿童的个性，把儿童当作“物”来对待，是教者按照统一的标准进行“产品生产”，没有做到因材施教。他提出，教学应尊重儿童，设身处地为儿童着想，“夫新教育所以异于旧教育者，有一要点焉，即教育者非以吾人教育儿童，而吾人受教于儿童之谓也”③。“何谓成人受教于儿童？谓成人不敢自存成见，立于儿童之地位而体验之，以定教育之方法。”④ 总之，教学要遵循儿童的自然发展规律，关注儿童个性的发展，让儿童自由自在地成长。蔡元培尤为重视审美教育，重视审美对于情感陶冶乃至美化人生的作用。他指出：“美育者，以陶养感情为目的者也。”⑤ 蔡元培进一步指出，美育不仅让人享受人生，而且能够美化人生，它可以使人高尚纯洁；可以去私忘我，使人的性灵日趋和谐平等；可以使人的精神有所寄托而不致于空虚；可以丰富科学知识，充实人生意义，使人学习科学时增添一种勇敢、活泼的气质。而美育之所以能美化人生，在于审美是人性发展的渴求，是人之特性的反映，它能使个体从利害关系、自私欲望、偏狭观念中超脱出来，成为人格高尚、完满的人。又由于美是一种创造，是人的自由本质的表现，美的规律不是一种机械的运动，也不是现成的公式，而是人的个性自由发挥，是人的创造冲动，因而审美教育有益于个性的充分发展，有益于扩展人的创造力，从而使人生充满生气和富有意义。可见蔡元培对审美教育的重视，是对人本身的重视，是对人的情感、个性、创造性的特别关注。

教学方法的使用不仅应使儿童获得生活必备的知识和技能，还应让每个儿童能自然地、快乐地和完美地享受儿童的生活，获得充分的发展。不难看出，体验教学思想在我国也有着深厚的历史渊源，虽然封建社会在我国延续的时间比西方国家要长，因而体验教学在相当长的时期缺乏相应的社会根基，但仍有教育家、思想家以自己的远见卓识提出了蕴含着体验教学思想的教学观。教学目的方面，

---

① 《训蒙大意示教读刘伯颂等》。

② 高平叔编：《蔡元培教育论文集》，湖南教育出版社 1987 年版，第 83、334 页。

③ 陈学恂主编：《中国近代教育文选》，人民教育出版社 1983 年版，第 348 页。

④ 陈景磐编：《中国近代教育史》，人民教育出版社 1983 年版，第 222 页。

⑤ 陈学恂主编：《中国近代教育文选》，人民教育出版社 1983 年版，第 348 页。

虽说孔子的教学目的是培养以“仁”为根本的“士”，但也认为一个全面完善的人需要具有智、仁、勇、艺、礼、乐等多方面的素质；魏晋玄学家追求人的内在精神价值与独立人格的培养，是对个体生命与个性的尊重；王守仁的“致良知”教学目的，看到了人本身的内在潜力；蔡元培主张通过教学来促进儿童形成健全的人格，并尤为看重审美教育，体现出对人性以及人的全面发展的深切关注。教学过程方面，孔子的“学、思、习、行”与“乐学”，王守仁的“知行合一”，蔡元培的情感陶冶过程观，都揭示出教学过程不只是认知过程，而是多种心理因素同行并进的过程。关于教学内容，教育家们十分重视教学内容的精神养成作用，在人与物的关系上主张“天人合一”，追求人与自然的和谐。对于教学方法，孔子注重启发、内省和对话的教学方法，魏晋玄学家看重“直觉体验”方法，王守仁提倡自愿自觉、顺应儿童自然性情的教学方法，蔡元培崇尚自由、自然、“展个性”的教学方法，都反映出对学生主体性的重视。

从国内外体验教学的历史渊源中，我们可以进一步明确：体验教学对体验的重视，实质上是对教学中人的重视，关注体验就是更深切地关注人，关注人的生命特性，关注人的整体人格与精神世界。体验教学不是一种教学方法，也不是一种教学模式，它是一种“目中有人”的教学思想，这种思想从教学目的、教学过程、教学内容、师生关系、教学方法等方面体现出来。尽管上述不同历史时期、不同文化传统中的教育家对人的理解各不相同，对体验的认识有深有浅，但有一点是共同的，那就是对人本身的深深关切、对教学本真意义的执着追寻。这种关切与追寻在人的生命意识日益凸显的今天将会增加更丰富的内涵，具有更深远的意义。

二、国内体验教育的现状

从对体验教育的内涵与特性的分析与界定，我们看到了教育改革的希望。在此反思的基础上，我们的出发点就是要通过这样一种着眼于受教者主体性、体验完整性的教育理论与实践的探究，对他们施加有目的、有计划、有组织的教育影响。要使这样一种体验教育落到实处，有组织、有成效地科学划界，以及制定相关教育策略和途径是至关重要的。体验教育不是要完全抛弃传统的教育模式，而是一种否定之否定的扬弃，它注重的是对个体情感的诱导与激发，强调个体情感认知与具体情境的融合，是对传统教育弊端的扬弃，对传统教育模式的一种超越，寻求的是一种新的“视域融合”。首先我们应该看到环境、情境对于学生的深刻影响，教育者有效地选择环境、创设环境，在所设定的环境下开展体验活动，对于学生把教育内化为品质，外显为行为都具有举足轻重的作用。体验教育活动是一种互动开放式的教育，通过学生，特别是未成年人的参与，从学校生活、家庭生活、社会生活、自然生存等各个方面，寻找一个岗位，扮演一个角色，获得一种感受，明白一个道理，养成一种品质，学会一种本领，从而全面提高自己的素质。

从目前全国各地开展体验教育的活动来看，体验教育形式是多种多样的，体验教育的内容是丰富多彩的。经过分析归类后，大体是在学校、家庭和社会这三大范围内开展的。本章就从学校、家庭和社会三个方面来对未成年人的体验教育实施的现状进行深入的阐述。

（一）在学校范围内开展的体验教育

体验教育不是作秀，而是要让学生切身去体会生活、感悟生活，使每一个未成年人都能在技能、思想装备、情感传递、道德品质等方面得到真实长足的进步与提高。要达到预期的效果，首要要求的就是体验教育的主导者——学校，和体验教育的引导者——教师二者积极配合，密切沟通，在探索中前进，寻求未成年人体验教育的最佳方略。首先，学校要积极地做好体验教育的活动规划，从体验活动的载体——实践出发，把实践作为体验生成和发展的动力，从学校与学生的特质出发，发挥优势，开展符合地域的教育规划活动，是体验教育取得实效的前提和基础。开展的实践活动要贴近现代的未成年人的特点，做到有的放矢，尊重未成年人的兴趣爱好、认知水平、成长规律和道德需求，恰到好处地寻找体验的诱发点，开展有针对性和实效性明显的活动。其次，在体验教育的开展中，有别于传统填鸭式的灌输教育，教师不能再仅仅是知识的传授者，而成为教育中最关键的一环——引导者。这不是否定教师的作用，让学生完全去自由体验，强调的重点在于要求教师不需要再强“灌”、强“填”，而是给出良性引导，支撑学生获得丰硕的体验成果。就像导游要给出“路线图”、时间安排等一样，教师要让学生明确体验过程的目的、具体方法，并且要给出心灵上的引导，使未成年人的体验更明白、更系统、更深刻。

学生的时间大多是在学校度过的，在学校这个大范围内开展体验教育，是将课堂所学知识转化为实际应用的重要途径。那么，在学校里，应如何开展体验活动呢？我们看到许多体验教育就是从课堂教学、智力活动和德育活动三个方面来展开的。

1. 在课堂教学中体验的状况

课堂教学是学校教育工作的一个重要的、关键的环节，可以说，学生的知识文化和道德修养的理论知识都是由此而来的。但是，当代的学校教育不仅要求学生掌握理论知识，还要注重把理论转化为实践应用的能力的培养，因而，课堂的传统教学方式必须进行改革，而改革的一个重要方向就是让学生能够深入进行体验教学，能够在情景学习中体会课本的内容，进而掌握所学知识并能灵活地在生活中应用。

首先，改变师生的传统教学地位。传统的教学中，教师认为学生就是一个大的无底的容器，而教师则相当于一个传输器，将大量的文化知识通过课堂有限的时间塞给学生，将这个大容器逐渐填满，两者就是传输者与接受者的关系，因而教师教学任务的完成就是按时将课本知识以说教的形式讲解完毕，学生的学习就是全盘接受所传授的知识，至于学生能不能吸收消化，就很难说。现在，提倡在教学过程中改革，就是要改变这种传统的做法，让学生主动参与到教学中来，通过积极探究、勤于动手等方法，确立自己应该达到的目标，也就是用研究性的、自主性的学习取代灌输式的学习。这样的学习就是在师生的配合下，教师能够培养学生的独立、自主的学习习惯，引导学生主动质疑、调查、探究，在实践中学习。这就促使师生双方互动，改变由教师控制课堂教学、独占课堂教学的话语权的局面，让学生在参与过程中利用自身已有的经验进行学习，凸显学生的个性需求。这就让学生和教师之间就有了共同的目标，可以共同研究上课的形式、上课内容的安排以及怎么达到最佳的教学效果等。同时教师和学生都能从课堂教学中及时了解到学习的情况，以便在今后的教学中不断改进教学和学习方法。比如，有学校就根据新课改的要求和教学的实际内容，将课堂教学变得灵活生动——某小学英语教师使用根据《基础教育课程改革纲要（试行）》和《英语课程标准（实验稿）》编写的 *JOIN IN* 最新教材，由于关注学生情感，突出学生主体，采用活动途径，倡导体验参与，提倡合作学习，致使教材富有教育性和趣味性。活动是这样展开的：

师：首先，有一首英文诗歌要让同学们学习。

China's Flag
We're standing side by side,
The red flag is flying high,
The five-star red flag,
It's flying in the blue sky.

在学习这首诗时，教师就让学生自编动作，亲自实践，在台上表演，进行口语交际，让学生在轻松环境中学习语言，运用语言，培养合作精神，发展竞争意识，体验成功快乐，增强学习动机①。

---

① 熊燕.《使用新版 *JOIN IN* 剑桥小学英语的几点体会》，《师资建设》2002 年第10 期。

其次，提倡情景教学。情景教学是新型的教学方法，就是在课堂的教学中，能够让学生把所学的知识通过设置场景或提供背景的方式，身临其境地体会作者写作时的真实情景或科学家做科学研究时艰苦努力的过程。这样的教学方法有一定的难度，因而，教学过程中提倡将这种情景教学分为不同年级采取不同的方法。比如在低年级的学生中，由于他们的认识能力有限，就多采取设置场景的教学法，让学生亲身参与，以便加深对知识的理解。例如，“在一次英语教学中，要学习句型‘Happy birthday to you’时，教师事先了解到当天有过生日的学生，请他（她）来到台上，蒙住其眼睛，拿出一个蛋糕，先请其猜出蛋糕后，把蛋糕给他（她）：‘It's for you.’学生很惊奇：‘For me? Why?’就在这时，教师引导学生说：‘Happy birthday to you!’在这样的一个场景中，学生不仅感受到了教师的关心，也不知不觉地学会了英语生日祝福语。”[①] 还有就是用做游戏的方法来帮助学生记住诗歌的内容或用实物表达数学关系问题等。这样学生在实际的操作过程中就将知识形象地理解掌握了。同时，在高年级的班级中可以让学生通过教师提供背景的方式，让学生自己把要学习的内容进行全方位的了解，再进行班集体讨论，让他们有独立思考和自己动手的机会。例如，一位教师组织了一堂《春江花月夜》乐曲欣赏课。教师简略介绍了乐曲中表现的春夜、花影、微风、微波等画面，然后播放乐曲，让学生有目的地欣赏对乐曲的直接感受，并引起相应的情感。第二次播放，让学生体会音乐旋律，通过自己的体验，调动想象，让情感飞扬，并分乐段领略各样画面：暮钟声远，江上微波，楼台隐约，渔舟晚唱；进而风卷江水，涛声震耳；渐又趋于平缓，温馨静谧。第三次播放，让学生整体把握乐曲表现的情感，并进行讨论。最后作一幅画或一篇文章，表达体验[②]。像这样的形式，其效果很明显。可见在情景教学的过程中，让学生成为参与者或主角，教师则从主导的角色转化为引导的角色，让学生在具体的情景中自由展示自我。当然，学生由于经验不足可能会出现这样或那样的错误，教师以引导者的身份应多提醒、多鼓励学生；学生之间也应该相互支持，不要取笑或侮辱其他同学。

2. 在课外活动中体验的状况

学校的课外活动本应是丰富多彩的，但是由于应试教育的影响，现在学生的课余时间越来越少，学生能参加的活动也越来越少，有的学校甚至没有安排课外活动的时间，这对在校学生，特别是中小学生的成长是很不利的，而越来越多的事实证明没有课外活动或者课外活动时间太少的学校生活是很不正常的，应该在

---

① 吕佳：《新课标下小学英语体验教学初探》，《学科教学探索》2007 年第 1 期。

② 张进：《音乐欣赏课的审美体验》，《师资建设》2002 年第 2 期。

学校开展多种多样的课外活动。

首先，是开展课外体育活动的情况。人的生命在于运动，这是我们经常说到的一句话，在实际的生活中也确实如此。在学校开展体育活动，对锻炼学生身体，增强学生体质有益而无害。那么这项活动的开展，就需要学校提供足够的体育场所，如操场、乒乓球馆等基础的体育设施；同时，保证学生足够的活动时间，不要用各种理由来占用或取消体育活动时间，例如现在许多学校多把考试时间安排在下午的活动课上，这样做是不科学的，是对学生不利的；另外，要确保体育活动的质量，真正达到锻炼身体的目的，学生和体育教师都不能抱有应付差事的想法，特别是在高中，由于学习任务重，学生不愿意去参加体育活动，认为那是浪费时间。也有些学校由于体育教师的专业知识不到位，对学生身体发育时对运动的需要程度不了解，加之对体育活动不重视，整个体育活动就变成了简单的玩游戏、聊天。因而，针对这种现状，就应该从学校、体育教师、学生入手，让三者互动起来，把体育活动的时间充分利用起来，在设施完备的条件下，在教师的带领下，学生根据自身需求的不同，有秩序、有层次地参加各种具体的活动，提高自身的体能承受能力，这样体育活动的真实目的就达到了。

其次，是开展课外智力活动的情况。陶行知先生曾说："真的教育必须造就能思考，能建设的人。""能思考"就意味着要有创造性的思维，"能建设"就意味着能承担改造、建设国家的责任，进行创造性的实践活动。对未成年人来说，开展这样的活动是很有帮助的，但是这对他们的智力发展水平有一定的要求，课堂教学虽然也是在开发学生的智力，但是由于时间有限，而且学生的数量和各自的智力发展差异，开发的程度还是不够的。因而，在课外的实践活动中，就要求再次开发学生的智力，培养他们对书本知识再理解和创造性的思维能力。让他们成为"能思考""能建设"的未来国家主人。那么在这个培养过程中就是让学生动手对课后的思考题或自己对课本知识有疑惑的或感兴趣的地方进行实际的操作，发现新情况，提出新问题，这也是对课堂学习的一种延伸和扩展。比如利用课余时间开展化学课的某项实验活动，在实验的过程中，理论的知识如何通过实验体现出来以及在实验过程中学生通过已经掌握的知识提出对现有的实验有无比较好的改进方法等。这样学生通过自己的动手操作学习，可以达到开发智力的效果。

最后，是开展德育活动的状况。德育活动是融知识性、教育性、趣味性、实践性于一体的重要的教育形式，是学校进行思想品德教育和学生自身教育的手段和方法，是课堂教学、体育、智育的延伸。传统的德育在人们眼中就是思想品德的说教，其特点就是"大话多、空话多"。其实这是人们对德育的不正视，更是不重视。真正的德育是将沉淀下来的人类的高尚品质、文明行为作为每一代人的行为标准，在现实的生活中应用，并能够代代相传。这就是说德育并不是说大话、空话，而是要人们真切地实践履行。但是为什么人们对德育有如此深的误解呢？也正是由于德育没有落在实处。开展德育活动是将德育主旨落实的重要手段，在学校，德育活动一般从以下三个方面开展：第一，以爱国爱校为主题开展活动。爱国主义教育活动最典型的就是在校学生都要学会唱国歌，并出席每次的升国旗仪式，在嘹亮的国歌声中体会我们新中国的来之不易，当然，还可以组织学生参观革命旧址，观看具有爱国主义教育意义的电影等等活动来增强爱国意识；爱校教育可以在学校开展丰富多样的活动来宣传和保护学校的财产和声誉等。如“校园是我家，管理靠大家”的主体活动，做法就是以少先队员的中队为单位，通过自组小组、自选岗位，让队员成为管理学校的一群“小老师”。其中成立了校风纠察队、爱心志愿队、安全自救队和校外自治队等，让学生以主人翁的身份来参与学校的事务，让学生在活动中体会班主任、校长管理工作的艰辛，激发他们尊师爱校的情感，懂得用实际行动报答学校和教师的培养。第二，以文明行为为主题开展活动。如北京市原崇文区的红桥小学就曾开展“新春唱响新童谣”活动，以“新童谣＋新游戏”为内容，通过编、写画、唱、跳的形式，宣传、倡导文明礼仪，激励学生在平时的生活中多实践和体验文明礼貌的作用。第三，以班集体的日常生活为主题开展活动。如开展“扫地大动员”活动，目的就是让更多的学生参与班集体的劳动。我们都知道扫地是平常的班集体活动，但眼下的学生不会扫地的不在少数，有的学生拿着扫把的姿势，直着腰板，东一挥，西一蹭，地是越扫越脏。而教师越批评呵斥，学生就越是没有信心干，有的就溜之大吉，干脆不干。如果在平时的生活中班级中多组织这样的活动，在教师的指导下，让学生认真打扫教室或校园的卫生，从中体验劳动的辛苦，明白打扫卫生的劳动不仅是为自己服务，也是为班级服务，是一种高尚行为。

（二）在家庭生活中开展的体验教育

家庭是未成年人成长至关重要的一个部分，家庭教育对于他们的教育毋庸置疑就是关键的一个教育环节。在家庭教育中，家长及长辈应该对孩子有正确的示范和引导，不能过分宠溺，要让他们养成独立自主，不依赖、不懒惰等好的生活习性。家庭教育中体验教育是引导孩子树立正确生活观的重要途径。以下我们将对家庭教育中开展体验活动的形式范围进行分析。

首先，就是要开展家庭内部父母与子女进行角色转换的体验。家庭是孩子成长的乐园，在父母的呵护下，孩子从小就处于优越的物质生活中，他们对父母只有依赖，索取的同时却对父母抚养自己的辛苦了解很少，特别是在当今独生子女较多的情况下，孩子在家中是名副其实的“小皇帝”“小公主”。他们很缺乏责任心，比较自私，没有什么实际的生活经验，对家庭内部的生活也是一知半解，因而，角色转换的体验教育就是要在家庭生活中让孩子体会到现实生活的滋味以及加强对父母的理解与关心。

那么在家庭中，角色转换的体验活动该如何开展呢？就是孩子在父母的指导下，同时在父母也尊重孩子的基础上，父母对孩子进行家庭各方面的实践体验教育，这样孩子在成长的过程中能设身处地地为父母着想，尊敬父母和长辈并帮助父母和长辈干自己能干的事情，具有家庭责任感。在这方面的活动中，我们发现许多家长和孩子都做了不少的努力。比如，“今日我当家”“护蛋别动队”“我来做妈妈”“我来做爸爸”等体验活动的展开，都是角色转换体验的表现。在“今日我当家”活动中，要求孩子在家长的带领和指导下，自主完成家庭生活一天的运作，安排家人家务劳动、工作、学习、交流和休息等的具体时间，合理分配一定金额的开支来管理家庭一天的花销，对于设置的一些家庭矛盾或问题，让他们提出有关的解决问题的办法等。整个过程中要求孩子自主完成，并用文字记录下自己的感受和体会，在家庭中展开热烈的讨论，在讨论的过程中，家长和长辈对孩子在体验过程中的优点和缺点分别提出表扬和批评意见，以便孩子在今后的生活中注意。另外还有开展“我来做妈妈”的体验活动，要求未成年人在妇女节，在奶奶、妈妈、阿姨等的帮助下体验女性在家庭中的活动，如像妈妈一样做一顿饭、拖一次地等，从中了解传统女性在家庭生活中的不可或缺的地位，体会女性长辈对自己的关爱与付出。与之相似的，还有开展“我来做爸爸”的体验活动，让未成年人感受父亲在家庭中的地位，体会家庭生活中的父亲常常是如何辛苦劳作来承担家庭责任的。在这样的体验活动中培养未成年人对家庭角色的正确认识，体会父母为家庭的操劳以及自己在家庭中应该承担的责任。

其次，就是在家长的带领下，参加与自己家庭生活有关的活动。在活动的过程中，转换角色，体会他人的生活。家庭是社会的一分子，它不是独立于社会和其他人的。在这些体验活动中，父母为了锻炼孩子，想方设法地为孩子创造机会，去体验他人的生活。有的家长会以家庭为单位参加一些社会活动，比如一家人参加某个电视台的综艺节目来展示家庭成员的一些特长和爱好，这对孩子来说，就是在大众之中表现自我的好机会；并且在参加的过程中，孩子的语言组织能力和胆识等都得到了锻炼，对孩子的成长是很有益的。但是我们也提醒一点，那就是家长和孩子参加这些活动的目的仅仅是展现家庭的某些优点及锻炼孩子，而不是想通过这样的活动让孩子出名或沾染一些不良的社会习气。除此形式外，锻炼孩子的方法还有很多，如某大学的附近有一位年仅 8 岁的孩子在摆地摊卖旧书，而他的父亲就在不远的地方看着，家长就是想通过这样的方式让自己的孩子在身心方面得到锻炼。

再次，就是在父母的陪同下，在家庭周围的小范围内，开展一些有意义的活动。现在的钢筋水泥把人们都封锁在家这个极为有限的空间里，人们对自己的邻居和周围的小环境不是很了解，有的家庭甚至连自己周围的邻居也不认识，这样的环境对孩子的成长是很不利的。孩子在这样的家里，缺少同龄的伙伴，缺乏与人合作的能力，所以在自己家的周围开展一些有意义的体验活动，是让孩子学会与其他人和睦相处的好机会。例如，在社区内，开展“我为他人献爱心”活动，可以帮助社区内的残疾人、烈属和孤寡者做一些他们需要且孩子力所能及的事情。又如组织社区体育运动，让男女老少都参加，特别是以家庭为单位组织的活动。在这些活动开展的过程中也会让孩子从小就养成尊老爱幼、体谅他人、关心他人的好品德。同时，还可以让孩子参观一些与国家政策、方针相关的展览，了解国家大事。如参观“‘法轮功’的危害”图片展，使孩子彻底认清“法轮功”这一邪恶组织的本质，用血淋淋的事实让孩子明白“法轮功”对人的危害，坚决抵制一切伪科学，并能与这些不良的行为作斗争，这也是在家庭环境下，帮助未成年人树立正确的世界观、人生观、价值观的重要方法。

（三）在社会生活中开展体验教育

人都是具有社会性的，对于学校教育更是首先应该考虑教学的社会环境。任何时代的社会都有其独有的社会发展规律，学校教育也始终在政治、经济、宗教、科技等因素的推进下不断变革、适应，以完成教育的社会化。人的成长过程就是人不断完成社会化的过程，而未成年人的学习成长的过程也是一个要不断适应自己的社会属性、为自己的角色定位，调整身心、调整与他人、群体的关系，获得自我认知和其他社会人的认同，从而更好地把握学习的内涵、学习的所得的过程。因此，要尽可能地让他们理解成年人的世界，尽可能地带领他们到社会生活中去实践锻炼，在社会实践的过程中体会将来的生活，这对他们的成长和成才有很大的帮助，那么，在当前的社会历史条件下，体验教育也是从以下几个方面的活动来让未成年人感受现实的社会生活的。

1. 开展岗位体验活动

上一节中讲到过在家庭活动中父母与子女进行角色转换来体验家庭生活，可以让未成年人从中学会如何更好地理解家人和家庭生活。在社会领域，体验教育还应该引导未成年人在社会这个大家庭中扮演一个角色，并开展与角色相吻合的实践活动，让未成年人从中体验这一角色应该具备的基本素质和基本能力，为将来做一个合格的社会人而早做准备，这样的实践活动最直接有效的方式就是岗位体验教育——赋予未成年人一定的具体实践岗位，让他们在工作岗位中，感受社会将来要赋予他们的任务和责任。譬如，就有这样一些社会实践活动。在教师组织和带领下，开展“我是小记者”“当一天小交警”“小小修理工”和“争当清洁员”等活动。以“争当清洁员”活动为例，组织未成年人扮演清洁人员上岗，在社区、校园、公园等地方，分组开展工作，通过亲手捡起地上的垃圾以及参与清扫马路的工作，使他们在工作的过程中能够相互配合，顺利完成“分内事务”。一个曾经参加过清洁工作实践的学生深有感触地说：“原来清洁员阿姨的工作很辛苦，而且可以让城市变得干净，为我们学生和上班的叔叔阿姨创造了这么好的学习和工作的环境，这也是一个很了不起的工作，和我在银行工作的爸爸妈妈一样，是很重要的。”又如，鞍山市胜利小学的学生满怀朝气和理想，走进了鞍钢这个体验大本营，从不同的侧面体验鞍钢的发展，如有“钢花灿烂”的小记者团，他们由四、五年级的学生组成，以“记者”的身份参加到体验活动中，作为“记者”，他们尽职尽责，先后寻访了几十位“老鞍钢”，听他们讲述创业史，了解他们当时的工作环境、内容、经历和感受，采访完毕后，他们认真地填写采访报告，并用不同的方式表达对先辈的崇敬之情。他们在“记者”岗位上干得很称职。同时低年级的同学组成“小小钢花小队”“小螺丝钉小队”等开展“我跟爸爸（妈妈）去上班”的活动，让他们在普通岗位上体验工人劳动的辛苦，并让他们意识到无论是工程师还是普通的炼钢工人，都是崇高而伟大的，正是他们用智慧与汗水绘制出鞍钢的美好前景。像这样的岗位体验活动，能够让未成年人认识到各种工作其实是不分贵贱的，将来不论选择哪种岗位，都要付出辛勤的劳动和智慧，都是为国家的建设奉献自己的力量。

2. 开展感受社会历史文化体验活动

每个国家和城市都有自己悠久的历史和独特的文化，让未成年人了解祖国的悠久的历史和文化是教育的一项内容。但仅通过课本、课堂的文字了解是远远不够的，要了解和理解我国的历史和文化，需要在社会生活的点滴中去体验。因此，要让未成年人对我们五千年悠久的历史文化有深刻的了解，就应该开展体验活动，以此来激发他们关注历史文化，培养他们探究历史文化的兴趣，引导他们认识社会发展的规律和方向。而且在这方面的体验活动的形式也是很多的。可以在有条件的情况下，利用寒暑假组织学生参观历史名城或有地域特色的景观，比如，武汉市及周边的学生就可以在学校或其他团体的组织下参观武汉的名胜古迹。由于武汉是一座历史久远的城市，因而形成了独具特色的楚文化，所以参观的内容就有很多。1911 年的辛亥革命就爆发于此。因而，通过运用寓教于乐的方式，组织学生参观湖北省博物馆、武汉市博物馆、武汉植物园、名人故居和汉口老租界等地方，让学生在真切的环境中感受武汉的历史和文化。此外，对于交通不便或其他条件不容许学生对历史文化进行体验的学校，也可以通过多媒体等设备，通过展示图片或放映电影的方式来讲解地区性的或全国性的历史发展与变化以及在历史变化的过程中，体验文化是如何积累和沉淀下来的。最后还可以通过网络、报纸和杂志等手段，让学生搜集资料并以讲故事或以演讲、诗歌朗诵等形式让学生把自己对某个历史文化的了解在班会上或其他地方表达出来。例如有些社会组织或单位在每年的12月9日，组织学生开展诗歌朗诵会，通过对1935年爆发的“一二·九”学生抗日运动的纪念，让学生在历史事实中牢记过去的耻辱，激励他们好好学习，为将来建设一个富强的国家而努力。

3. 开展对大自然的体验活动

大自然为体验教育提供了广阔的天地，体验教育就是要让学生走进大自然，感受大自然，适应大自然，回归大自然。现在城市里的学生基本上从出生到上学、工作，都是在城市中生活，对美丽的大自然了解甚少，有些孩子甚至不知道小麦、水稻是怎么生长的。社会生活的体验必然不能缺少对大自然的体验，为此，可开展的活动也是比较多的。如乡村生活的体验，就是让城市里的孩子有机会去农村体验一下农村的生活，让他们充分认识到庄稼的播种与收获的不易，明白农民在夏天的烈日下、在冬天的寒风中劳作的辛苦，使得他们从小就懂得珍惜粮食的道理。如长葛市二小就开展了“我到农村三日行”的体验教育活动，让学生与农村小朋友同吃同住同劳动。二小的学生看到农村小朋友学习条件艰苦，又自发开展了“节省一分零钱，帮助一个同龄人”的活动，积极为农村的小朋友捐款捐物，共同成长。此外，还可以组织学生在春季和秋季进行郊游活动或夏令营活动，让学生领略大自然的四季变化的美丽的同时，学习一些在野外生存的基本技能，锻炼他们面对挫折与困难的能力。这样的体验每年在很多学校都会开展。另外，在全球自然环境不断恶化的背景下，组织学生保护自然环境也是体验活动的重要内容。保护环境是人类为了自身的发展而有意识地保护自然，防止自然环境受到污染和破坏，并对受到污染和破坏的环境进行综合治理，以创造出适合于人类生活、工作的理想环境。在未成年人教育中融入环保体验教育，可以不断提高青少年的环境意识，使他们在实际活动中做出对环保有利的事情。可以从以下几个方面来增强未成年人对自然的保护：第一，通过对大自然现状的了解，在思想意识上加强认识，并能够在自己所在的班级、社区或村子进行大力的宣传，提醒人们自然正遭受着前所未有的破坏，并呼唤人们加以重视。第二，在条件许可的情况下，组织学生成立一些环保团体进行实际的环境保护工作。比如成立“绿色环保队”等团体，可以在日常的生活中监督人们，阻止他人破坏环境。如有人随便乱扔白色垃圾，就可以向其讲述或表演白色垃圾对人类自然环境破坏的程度有多深的事实，让人们深刻认识到自己破坏环境是错误的。还有人不注意社区的环境卫生，或者乱贴、乱画、乱倒、乱扔，像这样的破坏环境的行为也应该被阻止。第三，利用假期，对大的自然环境区进行调查。如调查一些大的山川、河流等，看是否有重大的污染与破坏，如果有的话，就及时以报告或其他简便的形式反映给有关部门，以便有关部门处理。

（四）对国内体验教育的评价

中国传统文化向来注重实效，在教育方面，让孩子亲身体验习得知识，无疑是最直接、最自然的知识掌握方式，因此，历来受到教育家们的青睐。但就国内体验教育的实施情况来看，状况堪忧。这样一种令世人交口称赞的教育方式得不到贯彻落实，分析其原因有以下几点：

第一，体验教育的教学过程实施起来比较缓慢，在当前教学任务重、时间紧的条件下，难以广泛开展。例如，生物课上了解一颗植物种子从萌芽到开花、结果，书本教育几分钟就可以说完，诚然，这样教学使学生不一定能够深刻了解植物的生长过程，但在有限的48个课时内真正采取体验教育，让学生真实地观察到每一个过程，也是不现实的。

第二，体验教育给学校带来责任风险。学校教给学生知识的前提是要保证学生的安全。有些体验式的教育比较复杂，可能涉及学生的安全问题，学校面对此重大责任，只能采取“不冒这个险”。这也成为体验教育难以开展的原因之一。例如，化学课有的实验需要用强酸或强碱进行反应，很多学校因为安全考虑而取消学生实验，只由教师进行演示实验。

第三，体验教育对教师素质、能力要求非常高。体验教育要求突出学生的主体地位，充分发挥学生的主体性作用，这在当前一个教师对几十个学生的教学模式中不容易驾驭。教师很难准确掌握每个学生的学习特点、心理特点、学习能力等，同时在体验教学的过程中，也无法注意到每个学生的学习进度和体验程度。在追求教学效能最大化的今天，体验教育在实惠了少部分尖子生的同时，无疑牺牲了那些教师无暇顾及的学生。

第四，体验教育的学习评价标准不容易统一。基于不同的教育背景和教育目的，对于学习成果的评价标准是不同的。在提倡素质教育的今天，衡量学生的标准却仍然只能用成绩来评定，归根到底就是量化的评价方式仍然最为客观，也是多数人能够接受的。因此体验教育的成果究竟应该如何评定的问题仍需讨论。

但是，我们仍应该提倡体验教育，不断进行总结，采取有效措施，保证体验教育活动的顺利开展。

只有体验，思维才能产生飞跃；只有体验，获得的思想情感和知识技能才能刻骨铭心；只有体验，才能加速学生的社会化进程；也只有体验，教育目标才能内化为学生的基本素质。因此作为教师就必须在活动中有意识地渗透体验教育，培养学生从无意体验向有意体验的转变，培养学生体验的指向性。

1. 建立学生进行体验教育活动的阵地

要发挥学校自身的优势，保证学生进行文艺、体育、科技等活动的场所，并配备好学生进行体验活动的各种设施。动员和运用社会多种资源和手段，大力发展和建设各种德育、国防教育、劳动实践等活动的基地，充分发挥其对学生进行体验教育活动的作用。

2 制定学生进行体验教育活动的制度

保证全体学生参加各种体验教育活动，引导全体学生在体验中提高素质。体验教育活动应与社会性活动结合起来，激发学生参与体验活动的积极性，提高体验活动的效果。

3. 研究学生进行体验教育活动的方法

体验教育是一个全新的课题，需要我们在工作中积极实践，深入探索。要及时、全面地总结开展体验教育活动的经验，研究进行体验教育活动的方法、评价机制，促进体验教育活动的广泛开展。

在学生中开展体验教育是一项全新的事业，是摆在我们面前的一项重要工作。相信，体验教育必将促进少先队工作的开展，促进学生综合素质的全面提高。

第五章　未成年人体验教育的实现形式

一、体验教育机制的建立

体验教育涉及的范围非常广泛，所以建立一个具有联动性的机制，是其有效开展的内在要求。

构建起学校—社区—家庭一体化运作机制，这是我们能否实现上述目标最紧迫的问题。从最近连续报道的天津市和平区的经验来看，这不仅是可能的而且是大有可为的。

首先，从未成年人的活动规律看，其基本模式就是家庭—学校—社区—家庭。事实上，我们对未成年人进行的任何一种教育，都离不开个体所处环境的客观规定性。这种客观规定性有时与我们的教育目标相一致，有时则是不一致或不协调的。所以，古今中外任何一种成功的教育，几乎都是多要素一体化运作的结果。体验教育也不例外。假如在我们的思想道德教育中，个体在学校体验到的是一个样，回到家里或社区乃至社会体验的又是一个样，这就会使个体的价值取向陷入矛盾和迷茫，而最终往往"屈从"于功利的诱导。这种"屈从"并不是被迫的结果，而往往是从众心理下的自主选择。由此可见，成功的体验教育必然是多要素一体化运作和循环强化的结果，而不可能是单一的、线性的、孤立的运作结果。

其次，要构建起体验教育在学校—家庭—社区一体化运作的长效机制，关键是要取得学校、家庭和社区对体验教育目标、理念和模式的高度认同，并形成自觉的价值追求。为此，体验教育就必须实现"三个进入"：一是体验教育模式包括理念、指标体系、礼仪程式和运行规则等，不仅要进入学校，成为学校开展道德实践活动的基本途径，而且要进入家庭和社区，让家庭和社区获得开展体验教育的全部方法，使家庭和社区的体验教育与学校的体验教育联为一体。二是体验教育的评估系统包括评估标准、评估办法和评估结果等，不仅要进入学校，成为学校评估学生的重要内容和依据，而且要进入家庭和社区，使家庭和社区获得评估的实际能力。同时，也使家庭和社区的评估成为学校评估的重要组成部分，从而构建起学校、家庭、社区的整体评估体系。三是要大力推进个体自主体验和伙伴共同体验进入家庭和社区。因为未成年人在家庭和社区的活动，基本上是个体的或由家人及伙伴构成的，在这种状态下，过多的集体活动反而会影响他们参加体验活动的自觉性，限制他们的自主选择。所以，在家庭和社区应更多地倡导个体自主体验或伙伴共同体验，效果往往会更好。比如，有报道某学校倡导学生每周在家做两次家务，或与同学一起参加一次社区服务，然后在周末的班会上自己谈体会，自己作评估。同时，教师也会把家长或社区的评价告诉同学们。这种非组织、非集体的自主体验，本身就具有自主与互动的双重功能，因此，其效果是很好的。

最后，要构建起体验教育的社会化有形载体。以实践为途径的体验教育，如果没有一整套为之服务的有形载体，是不可思议的，其必要性不言而喻。目前的紧迫任务是如何构建起能够满足体验教育需要的有形载体。从我国社会教育资源的总体构成来看，除了上述的“三个进入”即建立学校、家庭和社区的有形载体之外，还有两大类社会公共资源应列入我们构建有形载体的整合之中，从而形成体验教育社会化运作的主力队伍，用以承担规模化的体验活动。具体从以下几个方面着手：

（一）自我意识

从心理学的角度看，体验总是与个体的自我意识紧紧相连的，体验的过程包括四个阶段：

（1）个体亲历的阶段，即个体亲身经历某一件事或者某一个情境的阶段。这是体验的第一过程。

（2）个体对上述亲历过程进行抽象、概括，形成概念或观念的阶段。其实，每个人都在经历着许许多多事情，可是，各人的感受是不同的。作为体验教育，不能仅仅停留在亲历的第一阶段，还应当上升到对亲历的反思，以形成人生经验的阶段。

（3）个体在新情境中检验所形成的观念的适应性阶段。正因为经验具有个体性、主观性，因此，只有在新情境中加以检验才能克服经验中的不足之处，或者巩固经验中的合理之处，同时，新的情境又会促进经验思维的灵活性。

（4）再反思，产生新经验的阶段，并不断循环，不断体验，直至达到目标。由此可见，体验教育是在实践活动中，促使学生不断产生新经验、新认识，并由此发展学生适应自然与社会的能力，形成积极的人生态度，促进个性成长的一种教育方式。

我们将这一过程与少先队教育相结合，提出了以下四个阶段，见表 5-1。

表 5-1 体验教育的心理过程

启动	导入	关键	调节控制
激发动机阶段	实践感受阶段	体验内化阶段	反馈外化阶段
动力、指向与选择	个体初步亲历	反思、同化或顺应	维持、强化与应用

首先需要引起注意的是：体验的过程并不等于体验教育的过程，体验的主体是学生，但是体验教育的设计者是教师，因此，在学生亲历之前，教师有一个启动体验教育的阶段，在这个阶段主要是引导学生适当的动机，促使学生开始亲历或者选择亲历的方式。体验教育的第二阶段相当于个体亲历的过程。第三阶段是体验的关键阶段，相当于个体体验的第二阶段，个体通过反思、同化或顺应等方式，将亲历中对事物、知识的感知觉或者对情境、人物的情感体验内化成为自身行为或观念的过程。第四阶段相当于个体体验的第三、四阶段，由于个体体验的程度或者体验本身的内容不尽相同，有的经过一次体验与反思，就可以形成人生经验，而有时则不行，需要反复体验，或者在不同的情境中反复体验，人生绝大多数经验属于后一种情况，因此，体验是需要经过不断外化、不断调节才能够形成的①。

（二）学校影响

建立体验教育的机制，应使学校成为体验教育开展的发起者和直接开展者，因为在教育的过程中，学校和学生是最直接的互动关系。要使学校成为体验教育的有效推动方，应建立专门的体验教育部门。

1. 人员组成

体验教育作为一种与传统教育方式有很大区别的新型教育形式，必须有专门的部门以及专门的人才对其进行研究与操作。这样一方面能够保障学校对体验教育的重视程度，另一方面也能够使体验教育更加专业化，从而保证其科学性。

要建立专门的体验教育部门，首先应该有专门从事体验教育研究和实施的人才。建设一支能够适应体验教育工作需要的专职体验教育队伍，是开展体验教育的人才保证。对于师资队伍，可采取专职、兼职和志愿者队伍相结合的方式组建，形成一个相对稳定的、开放的体验教育人才资源库。学校应该选拔一批重视互动性，具有创造力的教师，对体验教育的开展进行研究，制定有步骤的教育方案，并及时进行效果的反馈和方案的改进完善。各个学校也应该请具有先进经验和理论的人员举办讲座，提升教师的理论水平。另外学校应定期组织体验教育教师的交流会，让大家在一起交流各自心得，使得各个学校的专职教师能够优势互

① 张卓玉：《体验与探究：一种有效的学习方式》，《光明日报》2001 年 3 月 23 日，第 4 版。

补，共同进步。

2. 对体验教育部门的支持

学校内部的体验教育部门，是一个专门性的部门，但是不应成为一个孤立的部门。学校应该及时给予体验教育部门教学反馈，告知教学需要，从而让体验教育部门更有方向性地制定体验教学方案。另一方面，常规教学部门应该听取体验教育工作者的意见，改进平常教学不足，并且在教学中巩固体验教学的成果。

综上所述，学校应该选拔适合从事体验教育的教师，不断提高他们的专业水平，建立与日常教学积极配合的体验教育部门。

（三）家庭影响

家庭作为与未成年人最为亲密的部分，对于体验教育的实现有很大的影响作用。将家庭纳入体验教育的联动机制中来，应从以下几个方面着手：

1. 家庭支持

我国长期以来的考试制度和应试教育环境，使大多数家长存在着一个思想上的误区：过于重视子女的考试成绩，一切以考为主。所以，将家长从传统考试第一的思想中转变过来，重视体验教育，是实现体验教育的必要前提。所以，将家庭纳入该体制中来首先应做到足够的宣传，并且从教育体制上进一步改革考试制度，使得家长重视体验教育并能够接受体验教育。

2. 发挥家长会的作用

现在有许多学校都定期召开家长会，学生家长能够定期进行交流，学校和家庭通过家长会得到了有效的沟通，家长与家长通过家长会也能够建立有效的沟通渠道，所以通过这种沟通大家将子女体验教育的成果进行交流，形成一个宣传效应。另外家长作为与孩子的最亲密者，能够第一时间得到效果反馈，家长会中的交流可以信息共享，找出不足，从而进一步优化体验教育的方法和方案。

（四）社区影响

社区这种形式在美国等发达国家得到了广泛的应用，并取得了良好的效果。但是在中国社区对于体验教育的参与和贡献还存在着许多不足。在我国，社区主要由居民委员会牵头，提供居民卫生、户籍管理、经济等各方面的帮助。将社区纳入体验教育的体制中来，应做到以下几点：

1. 加强社区的教育辅助职能

首先，在政策上规定社区管理机构有协助学校教学的义务，在最大范围内给予体验教育以实际帮助。其次，社区管理机构应成立用于体验教育的专项资金，以更有力地保证体验教育的开展。

2. 社区设施的建设

体验教育的顺利实施离不开硬件条件的支持，各个社区应该利用已有资金条件，建立社区体验教育基地，其中包括体育、劳动、文化、娱乐等方面。

3. 资源共享

每个社区都拥有完善的体验教育设施在实际中是不可能的，所以各个社区应该实现资源共享，在某个社区面对某资源缺失的情况下，其他有条件的社区应积极帮助，提供自己的资源以保证体验教育的顺利进行。

（五）机构影响

1. 成立体验教育的研究机构

在我国，体验教育处于初步发展的阶段，缺少理论支持。所以需要专门从事体验教育研究的机构，对体验教育的开展进行指导，使我国的体验教育发展少走弯路，以更利于未成年人的成长。此研究机构，其组成人员为专门的教育工作者、教育研究人员等，他们的研究成果应由专门的期刊进行发表，扩大影响力，使其研究成果能得到更广的传播。

2. 成立体验教育的组织协调机构

各个学校、家庭乃至社区都存在着独立性，这样会使体验教育出现各自为战的局面，无法达到资源最优配置和效果最大化。所以，应由政府教育部门牵头，建立一个以组织协调体验教育工作开展的机构，对体验教育工作的开展进行统筹。例如，组织各学校或者社区之间共同进行体验教育活动，协调先进体验教育开展学校对发展滞后学校的帮助等。

（六）社会环境

改革开放条件下的社会转型，是一种历史的必然，它不是人力所能阻止的。从根本上说，这是我国社会主义市场体制的建立和逐步完善，尤其是我国工业化、市场化、城市化、国际化进程不断加快条件下的必然结果。从总体方向上看，我们的社会正在向着更加适应市场经济体制和对外开放的需要，更加适应工业化、市场化、城市化、国际化的需要转变。因此，体验教育也不例外。

从目前我国的体验现实状况来看，主要应当从两个方面来分析这个问题：

（1）市场经济体制的建立和逐步完善，强化和巩固了市场法则及相应价值观念的社会地位，使之日益广泛地进入了经济社会的各个领域，深刻地影响着人们的价值取向和行为选择，尽管有时是不自觉或无可奈何的。这一方面更好地适应了市场经济体制的需要，促进了我国经济社会的发展，另一方面也使功利化的价值取向逐步成为人们的普遍选择。

那么，在这样一个客观的社会条件下，我们如何教育和引导未成年人树立正确的世界观、人生观和价值观，就成为我们必须面对的现实问题。而如何解决这个问题，正是体验教育新起点的依据之一。

（2）随着我国对外开放的不断扩大，外国文化尤其是西方文化已经渗入我国社会生活的方方面面，与中华民族文化一道，形成了多元存在、相互激荡的基本状态。这固然为我们学习世界先进文化、享受人类文明成果提供了重要机遇，但腐朽文化和资本主义腐朽生活方式对未成年人的渗透和影响同样是不可低估的。当然，仅仅是这种多元存在、相互激荡的状态，还不足以说明新起点的必然性，因为这种状态早已存在了。现在我们必须正视的问题是：现在的未成年人对西方文化的态度与原来有着显著不同，他们的思想意识中已经没有了“和平演变”这个概念。西方的流行文化、时尚文化在媒介的炒作和鼓动之下，几乎无一例外地得到他们的热烈响应，或成为他们的追求。

综上所述，时代已经从客观上把未成年人的教育推到了一个新的发展阶段。作为未成年人的体验教育，也必然随之进入一个新的发展起点。而这个新起点的本质特征，就是必须把体验教育的整个系统建立在科学发展观的基石之上；必须把“以人为本”作为体验教育的核心理念和根本原则；必须把人的全面发展与经济社会的协调发展作为体验教育的价值取向和根本追求。在此基础上，进一步完善体验教育在新的发展阶段的理论体系和运行系统，实现新起点上的新跨越。

二、体验教育的创新机制

（一）创新体验教育领导机制

推进体验教育，政府要发挥主导作用。政府的主导作用主要表现在三个方面：

1. 给予政策支持

第一，政府相关部门应对体验教育予以足够的重视，认识到体验教育对于我国未来的人才成长和经济发展都具有重要意义。第二，政府要制定符合本地实际的，有利于调动学校、部门、企业、单位、社会力量等各方面参与体验教育的政策措施，并制定相应的方法，通过资格评定、荣誉授予、物质奖励等方式实施激励。第三，政府要进行宏观协调。要动员教育部门、社会各界，通过各种方式大力宣传、制造舆论，形成氛围，增强民众的学习意识，同时及时了解体验教育发展情况，发现问题，解决问题，引导体验教育有序、健康发展。

2. 制定发展规划

要把体验教育纳入体验发展总体规划，摆在“基础建设”的重要位置，根据体验经济、体验发展总体规划制订体验教育发展计划，要有目标、有措施、有组织，任务明确，责任落实。

3. 组织建立

可在市、区两级成立体验教育指导委员会，并建立联席会议制度，由市长、区长或分管副市长、副区长分别任市、区两级委员会的主任，民政、教育及街道、乡镇等部门、单位的领导任委员，并在教育局设立体验教育办公室负责运作。

（二）创新资金筹取机制

资金保障是体验教育发展的基本条件。目前来看，现阶段体验教育的资金来源主要还是政府财政拨款。但是，这一方面给政府财政带来了压力，另一方面资金来源方式的单一必然导致资金的不足。所以，体验教育的资金筹措机制应进行创新。创新后的体验教育资金筹措，由以下几部分组成：

1. 政府财政拨款

教育作为公益事业，政府拨款支持是必需的，也是必要的。对于政府的拨款形式，可采取市、区两级政府设立体验教育专项经费，根据财政收入的增长每年递增的办法。

2. 社会捐助

该筹措形式以落后地区为主，以网站、报纸、电视等形式宣传体验教育的重要性，贫困地区未成年人接受体验教育的严重缺失等，呼吁企业和民众进行捐助。所得到的捐助款应建立体验教育基金。在国外，大多数公益资金都采取了基金的形式进行管理，这样一方面保证资金使用的透明度，另一方面还可以促成资金的升值。

3. 引入市场经济措施

鼓励企业等营利性单位对体验教育所需的各条件进行投资建设，建设完毕后一方面作为体验教育的基地，另一方面也可以用于经营。另外，学校、社区等可以通过拉赞助的方式与企业合作，利用所拥有的资源对赞助企业进行宣传，使企业在提升形象的过程中对体验教育进行投入。

4. 受益者支付

在有条件的地区，体验教育的受益者应在接受教育后支付一定的体验教育费用，以维持体育教育的进一步运作，并促进体验教育的发展。

（三）创新资源整合机制

体验教育资源主要由四个要素构成，即教育教学的人力资源、场地与设施的物质资源、课程资源和资金资源。前三个要素是体验教育乃至一切教育活动得以开展的最基本要素，资金要素则是体验教育的支撑性、保证性条件。创新体验教育资金筹措机制已对体验教育的资金要素的整合作了分析，这里就前三个要素进行分析。

第一，要将各级各类学校的物质教育资源向社会开放。第二，要将社会的其他各类物质教育资源（主要是机关单位、企事业单位的文化设施，社会公益性的艺术馆、文化宫、图书馆、体育场等）向社会开放，向学校开放，逐步形成横向联合、纵向沟通的教育资源网络。在开放过程中，应遵循无偿或低价的原则，积极探索智能化管理，保障资源开放的有序性、安全性。第三，体验教育课程资源的整合。体验教育的课程建设必须坚持实用性和科学性的统一。要以体验教育对象的需求为导向来优化、组合、设置体验教育的课程体系；要充分利用现代信息技术，积极开发体验教育的新课程，研发体验教育新课件，并把改造传统课程与有针对性地引进课程相结合。尤其是同有关高校、培训机构的远程教学的嫁接，丰富和创新体验教育课程资源①。

（四）创新社会各方参与机制

体验教育社会性的特点决定了体验教育的参与主体的多元性。参与主体由三个方面组成：一是体验教育的投资主体，二是体验教育的实施主体，三是体验教育的接受者。要以社会责任、社会贡献吸引体验教育的投资主体参与体验教育。要以针对性、实用性、有效性吸引广大居民参与。

（五）创新体验教育工作者队伍的培养机制

随着体验教育的迅猛发展，体验教育工作将日趋专业化和规范化。因此，必须创新体验教育工作者队伍的培养机制。第一，要实现体验教育工作者的专业化。按照当前建立专业化干部队伍的要求，体验教育管理干部首先要经过正规化的专业化训练，取得“执业”资格。第二，体验教育管理干部要率先确立终身教育的理念，在自我学习方面，要率先垂范。要进行定期的培训，参加专业组织，进行工作和理论研讨交流，不断反思总结实践经验。第三，要加强教师队伍建设。目前，我国体验教育教师队伍的建设比较薄弱。从事体验教育的教师来自各个方面，水平良莠不齐。不少体验教育由于经费缺乏，无力聘请专业教师，只好组织文化教育活动。鉴于此，培养和建立一支掌握体验教育特点和规律的、专兼职相结合的教师队伍非常必要。教育行政部门要根据经济和社会的最新发展来更新教师的学科知识；根据新的教学技术、教学目标、课程和教育研究成果更新教师技能、态度和方法，使体验教育的教师也能吸收课程或教育学方面的主导性革新，能开发和运用课程与教学实践方面的新策略；使教师之间以及教师与学术机构、企业家等之间能够交流信息和专业知识，帮助能力弱的教师提高教学效果②。

（六）创新评估激励机制

体验教育的发展需要由较为科学、完善的评估标准来引导，需要建立相应的激励机制作动力。评估标准应成为一个评价体系，不同的对象，适用不同的评价

---

① 韩子荣、连玉明：《学习型体验》，中国时代经济出版社 2005 年版，第 89 页。

② 葛彩虹：《体验教育需要关注六个转变》，《体验》2006 年第 4 期，第 20 页.

标准，但不论何种对象，至少应包括组织架构、硬件设施、资金保障、人员配备、参与程度、制度规范、创新举措、实际效果等评价要素。由体验教育办公室牵头，成立体验教育评估小组。每年年终对辖区各单位、部门的体验教育进行评估。具体从三个方面来做：

1. 构建体验教育的指标体系

从系统要素的结构关系来说，体验教育的指标体系是其理论体系合乎逻辑的延伸，是其理论规定性的量化说明，也是体验教育目标的具体化、个性化和系统化。对于受教育者来说，它则是未成年人在体验中认知操作和道德内化的量化程式，是每一个教育者（或组织）和受教育者都应当十分清楚并能自觉的行为尺度。当然，构建指标体系是一项十分繁杂的工程，不是一篇研究报告所能完成的。这里仅从功能理论的角度，大体勾画一下体验教育指标体系的实际作用。

体验教育指标体系是一个直接服务于目标和管理的量化标准和运行规范，它受教育目标所支配，并具有实际的应用意义。体验教育指标体系也是一种直接服务于个体价值追求并能客观反映现实状况的评估系统，或者说是某些不可测度的教育概念的现实“代理者”。

2. 构建体验教育的礼仪程式

中国是礼仪之邦，祖先给我们留下了足以傲视全球的礼仪典式。这是中华民族优秀文化的重要组成部分，至今在海外，尤其是在海外华人中有着很大的影响。这些优秀文化本应该成为中华民族世代相传并弘扬光大的血脉之缘，但今天我们却不能不遗憾地面对它们。

体验教育从内容和形式上说，是学校教育和家庭教育向社会或社区的延伸，也是对应试教育的一种补充。因此，体验教育应当把礼仪训练作为重要内容而进行系统设计和规划。世界一些国家礼仪教育的经验证明：在教育过程中，实行必要的礼数、仪式和程式，对于未成年人体验和增强道德意识、责任意识和道德情感，提高未成年人的人格素质，以及学会做人做事，都具有非常重要的作用。从体验教育的特点来看，它应在学校礼仪教育的基础上，重点突出礼仪实践和情境体验，即主要不是教而是做。为此，我们应当在以下两个方面作出尝试：一是应当把礼仪实践的目标与内容，分解纳入体验教育的指标体系之中，进入体验教育的各个阶段和各个环节，使之成为易学、易懂、易做的具体程式。二是应根据中华民族传统礼仪的宏观要旨，结合现代社会的基本要求和时代特点，具体设计一批必要的礼仪程式，以“强制性”的规定成为体验教育某个阶段或某个环节的“必修课”，坚持不懈地做下去，以便使这些礼仪程式在不间断的循环强化中，由“强制”而自觉，由自觉而内化，成为未成年人精神世界的一部分，成为他们“无意识操作”的自觉行为。

3. 构建体验教育的社会化实践平台

体验教育在现实中的运行，离不开具体的、可操作的实践平台。从目前的情况看，体验教育主要是通过少先队组织并借助学校的力量来运行的。这无疑也是今后必须进一步强化和完善的主要渠道。在此基础上，我们也应当对体验教育社会化发展的可能性进行必要的探索。

从总体趋势上看，体验教育社会化发展的基本目标，就是形成一个在团队组织指导和组织下，具有公共服务功能和选择性的社会化实践平台。这个目标包括了三个政策取向：一是要进一步强化团队组织在体验教育中的倡导、动员、组织和协调功能，不仅要自己亲自做，更主要或更多的是动员和组织社会力量，大家都来做。二是要进一步加大体验教育的开放力度。也就是说，它不仅是学校的、团队组织的，而且也属于一切服务于未成年人思想道德建设的公共机构，把体验教育融入一切可能的公共服务之中。三是要在切实保障体验教育组织性的基础上，进一步增进体验教育的选择性。也就是说，未成年人既可以在团队组织下参加体验，也可以按照自己的意愿有选择地参加体验；既可以参加学校组织的体验活动，也可以就近就便自主参加社区或其他公共服务机构提供的体验活动。

三、体验教育实现的基本步骤

（一）深化对主体与个体的理论探索

一般来说，在理论上确定受教育者的主体地位并不难，但问题在于我们的理论探索也往往到此为止，而对主体与个体的关系缺乏系统的理论界定。这样下来，所谓的主体也就成了一个抽象空洞的概念，即主体是谁。主体只是一个大群体的抽象概念，而不是现实具体的人。在实际工作中，理论上的主体也就往往成了实际上的客体，成了被动的受教育者，从而使教育成为一种单向灌输的过程，即“我说你听，我教你做”。教育中对个体地位的忽视，已成为一个非常普遍的现实问题。

那么，怎样认识主体与个体的关系呢？我们还得从马克思主义的经典理论中寻找答案。在马克思主义看来，人们的社会历史始终是他们的个体发展的历史，我们的整个历史也无非是人类本性的不断改变而已。未来理想社会将是以每个人的自由而全面的发展为基本原则的。因此，历史进步和社会发展，必须从现实的、有生命的个人本身出发，亦即把从事实际活动的人作为其理论的出发点，把人的自由而全面的发展作为历史发展进步的根本标志，以人的发展作为考察社会发展的尺度和最高价值目标。这就清楚地告诉我们，在整个人类社会发展进程中，现实的、有生命的个体发展是最基本的、最核心的，其既是过程，又是目的。以人为本，归根到底是要以现实具体的人为本，离开了从事实际活动的个体，也就无法真正理解以人为本的真谛；离开了对受教育者个体地位的尊重，也失去了受教育者的主体地位。个体的发展是一切教育理论设计的基石。

大家早已熟知的心理学、教育学和行为科学，有一个贯穿始终的基本理念，就是受教育者的自觉与需求。也就是说，只有当教育成为一种个体需求时，教育才能成为一种个体的自觉；只有在自觉的条件下，个体的主观能动作用才能得以充分发挥；也只有在个体与教育者形成良性互动时，教育才能达到目的。这表明，任何一种教育都是在个体自觉的条件下进行并完成的，都是为了满足个体需求的社会行为。最好的、最有效的教育必然是来自他们自身需求和自觉条件下的观察和体验。而事实上，我们的孩子已经承受了太多来自成人想当然为他们设计的教育，已经经历了太多由教育者主宰的说教。而互联网之所以能得到广大青少年的普遍欢迎，根本之处就在于：在人机互动中个体地位的至高无上。在这里没有权威，没有说教，大家都是平等的。无论个人的条件、地位或财富状况如何，只要有一定的技术条件，他都可以成为网络的主宰，他都可以像主人一样发表意见。在这里他们是自我的主人，是自觉的行为，无须看成人的脸色。可以说，青少年对网络的态度是现实生活中个体自觉的高度集中体现。我们难道不应当从中悟出点什么吗?

体验教育也是一种教育，对受教育者主体地位的尊重其根本也在于对个体地位的尊重。因此，我们应当在牢固树立和充分尊重受教育者主体地位的基础上，对他们在教育中的个体地位进行系统的理论设计和界定，深入研究未成年人在体验教育过程中的自觉与需求，并以此作为体验教育的基本理念。

（二）加强对自我同一性的理论构建

未成年人时期，是个体社会化过程的关键时期。而人的社会化过程，本质上也就是个体自我同一性构建的过程。从哲学的意义上说，实现“人的类特性”、展现人的本质力量的过程，即所谓“人化”的过程，实际上也就是个体的“文化”过程。在这个过程中，人的社会化首先表现为个体的自我求证和自我意识的确立。但问题在于，任何个体的自我求证并不是孤立封闭的，而是在相应的社会环境中进行的，并且必须有一系列的“坐标”作为参照系。因此，自我求证实际上是对自我与社会同一性的探究，是个体适应社会规则的过程，也是使个体更和谐地融入社会并获得相应地位的价值追求。从这个意义上说，自我求证不过是人的社会化过程的一种手段，而实现个体与社会的同一性，才是人的社会化的目的。

自我同一性是个体发展的一种结构，其通常是指一个人对自我身份的自觉意识，是一种被自己和社会所认可的自我形象，即社会性存在的自我。其意味着个体与社会内外部的整合与适应。因此，自我同一性的构建，实际上就是整合个体变化、社会要求和未来期待的过程，亦即个体形成和获得与社会同一性的过程。我们要理解这个过程，必须从未成年人自我发展中的两个重要阶段来分析：

1. 青春期早期（一般认为是 11 岁到 14 岁）

这一时期，个体的生理发育由童年期的平稳变化进入突然的、迅速变化期。生理的变化唤起了他们对童年期价值取向和身份的重新思考，形成了许多以前未曾有过的必要而强烈的心理任务。他们首先需要从父母和其他亲近的人身上分化出自己的兴趣、需要、态度及品质；接着，他们需要把新发现的身体变化和性需求整合到个体的同一性之中；然后，他们需要运用文化中适宜的表达方式把这些新能量引导到社会提供的合理化道路上。事实上，这一时期的显著特征就是寻求自我需要与社会存在的平衡。

2. 青春期中期（一般认为是 15 岁到 17 岁）

这一时期，大多数个体开始把生理变化看作理所当然的事情。从心理发展来说，他们已经具有了一定水平的认知能力，开始认真考虑以前自我认同的选择和决定，并进行筛选和整合。与此同时，他们也开始自主寻找有效表达自我并能被社会认可的方式，以求证个体社会角色的意义和价值，以便为接踵而来的成年期需要承担的社会责任和义务奠定基础。尤为重要的是，这一时期，未成年人对来自他人和社会的评价反应极为敏感且非常重视，特别是来自父母、伙伴、教师的评价和反应。也就是说，这种评价和反应，既可能成为未成年人自我求证和追求同一的价值取向，也可能成为他们对他人、对社会逆反和抗拒的压力。关键在于相应的社会环境和价值导向。所以有学者认为，未成年人的所有表现（心理的、行为的表现）都可以在相应的社会环境及文化中找到其存在的根源和责任。

上述分析表明，未成年人的自我同一性是通过个体生理和心理发展与社会文化的互动形成的。而社会文化和社会组织能否为未成年人自我同一性的形成提供有力的环境支持和价值评价，具有决定性意义。因此，体验教育作为未成年人道德实践活动的基本途径，既应成为未成年人展现自我、张扬个性、求证自我的快乐天地，也应成为未成年人自我同一性构建的环境平台和评价机制。通过这个平台和机制，为他们提供一个有利于自我与社会同一的环境，制造一个能够有利于认识自我、认识社会的体验情境，并形成积极的评价机制及相应的价值导向。这就要求我们在进一步完善体验教育理论体系的过程中，切实加强对自我同一性的理论构建。

（三）完善对实践与内化的理论定位

体验教育作为未成年人道德实践活动的基本途径，是与学校教育和家庭教育既相互衔接又相对独立的社会化教育体系。它的最大特点就是通过亲身实践而体验，即在特定的情境中并通过相应的角色扮演，来体验自己的身份和价值定位，体验自己与他人的关系，体验社会对自己的评价和反应。可以说，实践是体验教育的主要形式。但问题在于：我们对体验教育的理论设计是不是就可以到此为止了呢？未成年人通过实践而体验的目的又是什么？这无疑是我们进一步完善体验教育理论体系的又一课题。

对于一种以人为本的教育来说，实践或体验都不是目的，其理论设计也不能到此为止。因为实践或体验只是为了达到一定教育目的的手段和途径，而目的则是通过这些手段和途径使道德认知内化为一种无须别人监督的生命规范，内化为个体的一种高度自觉且相对稳定的价值体系。也就是说，实践或体验的意义是相对的，对于具有主观能动性的个体生命而言，实践或体验过的东西，并不一定都能接受，也不可能一下子就内化为自己的生命规范。大量实证研究表明，人们亲眼看到的事物，可能会为此而激动、兴奋或愤怒，但同时这也可能是一时的反应，很快就过去了；人们亲耳听到的事物，虽然可能会在相应的情境下对个体产生影响，但它也可能很快被遗忘了；人们偶尔为之的实践或体验，虽然较之看到和听到的更为深刻，但它同样也不具有内化的必然性。我们不能把人们由实践或体验而形成的反应与内化等同起来。只有作为一种系统教育过程的实践或体验，才能真正成为道德内化的手段和途径。

从这个意义上说，我们要真正达到由实践（体验）而内化的目的，就应当在以下三个方面作出进一步的理论探索：一是体验教育必须是一个有目标的亲力亲为的过程。这个过程不仅要听、要看，更主要是个体自觉地去做，以便在自身体验中认知、分析、比较和判断。在这里，体验或实践的目标是极为重要的，他应当清楚地知道为什么这样做，从而形成道德内化所必需的高度自觉。二是体验教育必须是一个系统的、连续的实践过程。因为任何偶尔为之的实践或体验，都无法使道德认知实现真正的内化。因此，只有通过系统的、连续不断的实践或体验过程，才能使个体在体验中获得的认知和判断得到不断的强化和巩固，进而内化为自身的生命规范。三是体验教育必须是一个主体与客体良性互动的过程。因为个体由体验而获得的自我认知，一方面，要通过个体内心感受和价值判断来进行筛选和整合。另一方面，他们又必须以客体为“坐标”，进行比较、求证和确认，以获取道德内化的客观标准。在这里，客体不仅包括作为教育者的教师和有关组织，也包括父母、伙伴及社会舆论的评价。所以，构建体验教育主客体之间的良性互动模式，就成为个体道德内化的必要条件。

第六章　未成年人体验教育的内容

一、解读共青团中央、全国少工委《关于动员和组织少先队员在实践中体验的实施意见》

2000年10月23日我国共青团中央、全国少工委发布了《关于动员和组织少先队员在实践中体验的实施意见》(以下简称为《意见》)，全文如下：

关于动员和组织少先队员在实践中体验的实施意见

为切实加强少年儿童思想品德教育和创新精神与实践能力的培养，根据第四次全国少代会提出的少先队要着重组织少年儿童在实践中体验的精神，共青团中央、全国少工委决定在全国少先队员中广泛深入地开展以“新世纪我能行”为主题的体验教育活动，并提出以下意见。

一、充分认识动员和组织少先队员在实践中体验的重要意义

少先队组织引导少先队员在实践中体验是指在少先队的各种实践活动中，充分发挥少先队员的主体作用和主观能动性，强化实践活动中的体验环节，从而把少先队的教育目的内化为少年儿童的自身品质的过程。

动员和组织少先队员在实践中体验符合少年儿童的成长规律和现代教育的要求。少年儿童世界观、人生观和价值观及道德品质的形成离不开课堂教学和广泛的阅读，同时也需要他们自己通过亲身实践去理解、去认识，特别是远大理想的孕育、高尚情操的培养、良好习惯的形成，更是需要他们的亲身实践。因此，重视少年儿童亲身参与，在亲身参与的过程中获得真实感受，对少年儿童的健康成长具有重要意义。

引导和组织少先队员在实践中体验是少先队服务素质教育的有效途径。少先队提供给少先队员的是一种面向社会、必须通过亲身参加实践活动才能获得知识和能力的教育和学习。而体验正是实践活动的重要环节，在体验的过程中不依赖固定的正规教材，教材主要来源于社会生活，少先队员在其中既是受教育者，也是教育者。因此，引导少先队员通过亲身参加实践完成体验过程，是少先队教育的根本要求和优势所在。

开展体验教育，是少先队教育的新发展。引导和组织少先队员在实践中

体验要求少年儿童面向社会生活的广阔空间，有助于加速少年儿童的社会化进程，使少先队教育能够更加广泛地动员社会各方面的力量，把学校教育、家庭教育和社会教育有机地统一起来。因此，强调和突出体验这一教育思想，可以促进少先队教育提高到新水平，为检验少先队教育的效果提供了新标准，为少先队建立与经济社会发展相适应的社会化的运行机制开辟了新视野。

二、要按照在实践中体验的思想开展少先队的各项教育活动

引导少年儿童在实践中体验是少先队重要的教育思想，必须体现在少先队开展的各项教育活动之中，注重突出和强调体验的环节，使少先队教育活动的目标在少先队员的主动参与下，潜移默化为自身的道德品质和创新精神与实践能力。

贯彻体验的教育思想，就要使少先队员成为一切教育活动的主人。要根据少先队的教育目标，充分考虑不同年龄阶段少年儿童的需求和特点，依据教育活动的主题，让少先队员自主选择活动方式和参与形式，使之成为设计活动形式的主人。要根据少先队教育活动的内容，充分考虑少先队员的认知水平和能力，通过多种方法启发他们，引导带领他们去寻求真理，使之成为活动过程的主人。要根据少先队教育活动的要求，充分考虑活动的条件和可能，鼓励少先队员不断为自己确立努力的目标，不断发现自己的潜能，不断看到自己的进步，不断加深对事物的认识，使之成为检验活动效果的主人。

贯彻体验的教育思想，就要把少先队员完成体验获得真实感受作为教育活动所必须达到的具体目标。思想品德的形成和创新精神与实践能力的培养，需要在获得真实感受的基础上完成。决定教育成效的关键是少年儿童在实践体验中真正体会并转化为自己的经验和意识，形成自己的判断。因此少先队要把少年儿童在实践中完成体验作为必须达到的直接的、具体的目标，通过对活动过程的设计和把握，让少年儿童在体验中获得的真实感受与教育目标相 一致，并以此作为检验教育效果的重要标准。

要通过贯彻体验的教育思想，突出和强化体验环节来深化“中国少年雏鹰行动”和“手拉手”活动。深化“雏鹰行动”，就要按照江泽民总书记“五自”题词的要求，充分考虑少年儿童的兴趣和内在需要，调动每一个少年儿童的积极性、主动性和创造性，要使他们在提高技能的同时获得深刻的感受，通过解决一个个具体问题去主动完成体验过程。深化“手拉手”活动，就要引导少年儿童在互助互学的情感交流中切身感受小伙伴的生活环境和学习条件，切身感受同龄人之间的真挚情谊，切身感受不同地区人民的生活状况和现代化建设所取得的成就，为塑造他们优良的行为品格打下情感基础。同时，鼓励和提倡少先队组织、少先队员积极探索形式多样的体验活动。

三、广泛开展“新世纪我能行”体验活动

（一）“新世纪我能行”体验活动的基本内容

胡锦涛同志在代表党中央、国务院给第四次全国少代会的祝词中寄语当代少年儿童：“你们一定能行!”“新世纪我能行”体验活动是为落实第四次全国少代会精神而推出的新的教育载体，它的基本内容是通过开展符合少年儿童身心发展规律的具有少年儿童情趣和时代气息的实践活动，帮助少年儿童从家庭生活、学校生活、社会生活和大自然等各个方面，寻找一个“岗位”，扮演一个角色，获得一种感受，明白一个道理，养成一种品质，学会一种本领，从而提高自己的全面素质。

要引导少年儿童在家庭生活中体验，把为家庭生活服务作为“岗位”，把当一天爸爸、妈妈作为扮演的角色，根据家庭生活的实际情况做一些打扫房间、买菜、做饭、洗衣服、照顾老人、邻里沟通等具体事务，根据父母的工作情况跟父母上一天班，体验父母路途的辛苦和工作的紧张，获得家庭生活的真实感受，明白孝敬父母的道理，养成热爱劳动的品质，学会为父母分忧、生活自理的本领。到残疾人、孤寡老人、生活贫困家庭开展扶贫帮困和助残活动，体验他们生活的艰辛，学习他们自强不息的生活态度，培养乐于助人的高尚情操。

要引导少年儿童在学校生活中体验，把为老师、同学服务作为“岗位”，把当一天辅导员、老师、校长、校工作为扮演的角色，体验组织活动、备课、讲课、组织教学、维护秩序、后勤服务等项工作的重要性，获得为人师表的真实感受，明白尊敬师长的道理，养成热爱学习的品质，学会自主学习、自我管理的本领。

要引导少年儿童在社会生活中体验，把为社会服务作为“岗位”，把当一天工人、农民、解放军战士、售票员、交警、法官、记者等作为扮演的角色，体验面对工作时的心情和责任、工作过程中的辛劳和情感、工作完成后的情绪和收获，获得服务他人、服务社会、实现价值的真实感受，明白做一个合格公民的道理，养成文明礼貌、团结互助、诚实守信、遵纪守法、珍惜劳动成果的品质，学会适应不同生活环境、用自己的双手创造美好生活的本领。

要引导少年儿童在大自然中体验，结合所学自然、生物知识，开展大自然探秘、远足、野营、旅游等活动，鼓励他们多接触自然、了解自然，懂得环境保护的重要性，充分感受自然界的和谐与美好，培养起热爱生活、保护环境的美好情操。结合自护章的获得，开展自护知识学习实践活动，使少年儿童体验生命的宝贵，学会自我保护、互相救助的本领。

（二）开展“新世纪我能行”体验活动的具体要求

一是要创设生动多样的活动项目，使少年儿童受到全方位的体验。要根据少年儿童身心发展规律和认知规律，按照由低到高、由易到难的原则，为不同年级的少年儿童设计不同类型的体验活动项目，建立灵活开放的、可为少年儿童自主选择的体验活动项目体系，引导少年儿童发挥主动性、创造性，自愿选择岗位，自主扮演角色，自觉进行体验。要让少年儿童知道“酸甜苦辣都是营养”的道理，通过感受遇到失败时的痛苦体验获得成功的宝贵，通过感受遇到挫折时的沮丧体验一帆风顺的愉悦，通过感受孤军奋战时的无助体验合作共处的重要，为他们将来走好人生之路做好心理上、情感上的准备。

二是要把“新世纪我能行”体验活动和“雏鹰争章”活动结合起来，发挥雏鹰奖章在体验活动中的激励作用。既要用“体验”的教育思想来指导“雏鹰争章”活动的深入发展，又要坚持把雏鹰奖章作为衡量、评价少年儿童在体验教育中取得进步的标准，对那些在某一方面的体验中取得突出成绩的少年儿童，应该及时颁发相应的雏鹰奖章或者增设新的章目，以激励少年儿童不断进取，取得新的成绩。

三是要建立社会化的体验教育运行机制。各级少先队组织尤其是社区少先队组织要充分发挥自身优势，注重利用各种教育基地，开展丰富多彩、各具特色的体验教育活动。要不断壮大由家长和社会各界有识之士组成的校外志愿辅导员队伍，为少年儿童在实践中体验提供有力的保障，形成体验教育的强大合力。

四是各级团组织和少先队组织要高度重视并大力支持少年儿童开展“新世纪我能行”体验活动。要积极协调社会有关方面为少年儿童进行体验提供便利。要对辅导员进行专题培训，切实提高辅导员教师的思想认识，增强他们实施体验教育的主动性和自觉性。要争取学校把支持少先队组织开展体验教育作为贯彻第三次全国教育工作会议和全国中小学德育工作会议精神的具体措施，把体验教育活动纳入素质教育评估体系，为少先队开展体验教育活动提供切实的支持。

共青团中央

全国少工委

二〇〇〇年十月二十三日

《意见》全文3500多字，分为三个部分。从内容上看，则可以看成两个部分。第一部分是从理论上对体验教育的意义、前提和目标作了详细的阐述，后一部分则主要提出了体验教育的一种实施形式——“新世纪我能行”，并对体验教育的实施指出了可运用的范围和要达到的具体要求。在对《意见》的解读中，我们能体会到国家和团组织对于青少年少先队员的身心发展的关心，对国家未来接班人的关爱，同时也体会到我国青少年少先队员教育的重要性。

《意见》认为，体验教育的意义主要表现在三个方面，一是体验教育符合少年儿童的成长规律和现代教育的要求，二是体验教育为中国少年先锋队（简称“少先队”）素质教育服务，三是体验教育是少先队教育的新发展。我国有句古话，说是“三岁看大，七岁看老”，意思是在小孩子三岁的时候，就能从他身上看到长大成年的影子，到了七岁就能够看到他老了的样子。这句话所要阐述的对象似乎不甚明确，笼统说来是性格，但其实包含了很多人的特征，比如性格、价值观、审美观等内容。无论如何，它要表达的都是一种宿命的先天决定论的观点。马克思主义思想认为，人的成长确实要受到生理遗传和文化传统的影响，但绝不至于有决定性的作用。也可以说，后天的培养是起决定性作用的。反过来说，我们也绝对不能忽视对少年儿童教育的问题。在承认了孺子可教的前提下，从少年儿童自身的特点出发才能实践体验教育的特质。儿童和青少年从生理条件看，身体还没有发育成熟，不能承受过重的负荷，比如严酷的军事训练明显不适合运用在儿童和青少年的体验教育过程当中。从心理情况看，他们心理不稳定，情绪化，不能承受较大的心理压力。总体来说，儿童和青少年都像是一张等待着被涂抹的画布，充满了未来的可能性，但同时自身也很脆弱，无法经受风吹雨打。

体验教育从某些方面来说，非常适合儿童和青少年的人生成长过程。一方面，强度适当的体验活动可以起到锻炼和磨砺的作用，让他们的身体、心理都得到一次洗礼。另一方面，体验教育也可以让那些家中的宝贝初步认识外部世界。孩子都是父母的宝贝，特别是我国实施计划生育，绝大部分情况是每家就一个孩子，因此，孩子更是父母的掌上明珠，放在手上怕飞了，放在口里怕化了。基于这种情况，让孩子得到基本的生活体验是非常有必要的。最重要的是，这种活动的方式符合儿童和青少年的心理发育特征，满足了他们的好奇心；避开了他们注意力不能长时间集中的问题，不要求他们对对象作深入的观察研究；而且体验活动本身为儿童和青少年提供了一个集体娱乐的时间，他们一定会乐不思蜀。

少先队是在学校和社区、青少年宫等校外场所建立的，由中国共产党委托中国共青团领导的组织。通常设有大队或者中队，中队下设小队。小队长和中队、大队委员会都由队员选举产生。半年或一年选举一次。大队和中队委员会可以根据工作需要，设队长、副队长、旗手和学习、劳动、文娱、体育、组织、宣传等委员。他们的口号是准备着为共产主义事业贡献出一切力量。或者可以说，少先队员是儿童和青少年中的先进团体，而且是间接接受中国共产党领导的团体。有鉴于此，少先队这个团体务必要保持这种先进性。那么，体验活动就为少先队员提供了这个契机。少先队的性质决定了他们应该成为那一个群体当中的模范带头者，体验教育的开展，有利于他们认识到社会、自然等他们尚未经历的事物。他们在有了经验之后，就可以从容地发挥模范带头作用。少先队还具有先进性，所以这就要求他们在生活和学习中体现出更为高超的生活技能，更为积极的学习态度，更为活跃的思维能力，等等。正好，体验教育为他们提供了这样一个机会。同时，由于体验教育的开展和实施，少先队员得到了一定的锻炼和提高，有了这一个平台之后，对他们的下一步发展提出了更高的要求。更高的要求作为适当的动力，一定能够敦促他们积极快乐地成长发展。

少先队的发展，在体验教育理论的帮助下能够取得进一步的发展。《意见》认为，体验教育的发展可以为少先队的发展创造良好的条件。体验教育的本质就是要青少年亲自体验，在真实的体验中获得关于生命、生活和自然的真切认识，只有这样，他们才能切实地了解这个世界。对于青少年来说，了解是初步的，但是必不可少的。体验教育提供的诸多参与机会，广泛的参与层面，都是不可以多得的。抓住机会，发展自我，少先队这个整体的素质才能稳步获得提升。

《意见》特别强调了一个前提和一个目标。这个前提就是，体验必须是在实践中的体验。也就是说，体验的前提是实践。

《意见》指出，一切体验活动要以受教育者为主。在少先队的体验活动中，一切的活动形式、活动内容，一方面要针对少先队员的身心特点来制定，一方面要体现他们的意志。体验教育的目的就是要让他们获得关于对象的真情实感，体验教育的具体目标就可以通过“中国少年雏鹰行动”和“手拉手”活动来实现。实际上，以上三点讲的核心问题就是实践。这个实践有两层意思，一是体验活动的开展必须在实践中进行，从逻辑上看，实践在前，体验在后。没有实践，就不会有体验的发生，二者是逻辑的前后关系。从现实上看，体验活动体验不是一种纯粹的沉思，而是实在的行为。实践的核心作用是真正地把青少年少先队员从教书中拉到了社会和自然当中，来体会完整的生活。

中国的教育向来是很重视实践问题的。20 世纪里我们曾出现声势浩大的上山下乡运动，成千上万的年轻人从城市到乡村，参加农村劳动。在农村的生活，简单朴实，虽然温饱还有时得不到解决，但农村的生活体验深深地在他们的人生中打上了烙印。那时的所谓“老三届”，对这一段悲喜剧，至今仍然不能释怀。恢复高考之后，我国的教育发展逐步走入正轨，实践教育在教科书上多有提及。马克思主义思想是我们学习和思考的理论依据，实践在马克思主义中占有非常重要的位置。实践出真知，说的是只有亲身去实践，才能了解关于这个事情的真实情况，获得准确的知识。还有，实践是检验真理的唯一标准。所谓真理，是需要经过实践检验的真理，没有通过实践检验的就不是真理。只有在实践的检验后，仍然还有生命力的，才能被我们吸纳，作为我们行动的真理来奉行。可以说，实践问题是马克思哲学的核心问题之一，实践的重要性可见一斑。

但是仅仅实践也是不够的。从人的心理结构上来说，人除了是一种富于理性思维的生命体之外，还是一个情绪化的、情感的生命体，所以才有舍身取义、杀身成仁之说。从这个角度看，人绝不满足于只会行为，能够体会事情当中的趣味与意义才是根本。比如游戏，当然要首先学习规则，规则是固定化的，比较容易学会。但是如果你没有从中体会到快乐，这个游戏还有什么意义呢？或许不仅仅是快乐，还有荣誉感、满足感，等等。总之从实践中获得体验，才是根本的目的。

体验教育的目标是提高素质教育的水平。素质教育是有别于应试教育的。应试教育在我国有着深厚的历史文化原因，从上至下一直盛行不衰。在应试教育之下，学生被填鸭式地塞进了大量的课本知识，唯一的目的就是考试，小学升初中的考试可以择校，初中升高中的考试可以进重点，高中升大学的考试更是改变前途命运的关键战役。这样一套完整的应试教育模式，以高考为指挥棒培养出来的学生，除了考试还会什么？看地图时他可以快速反应出上北下南左西右东，但是让他单独出门，迷路的概率会有多高？曾经也爆出了出国留学生要带妈妈一起，原因是自己不会做饭、洗衣服，等等。这样的学生，连基本的生存都不能学会，何谈孝敬父母，报效国家！以笔者的观点看，这样的学人还不能说是一个完整的社会人，只是在襁褓中嗷嗷待哺的婴儿。

素质教育是一种全面综合的教育，不仅仅要求学生掌握课本知识，还应该学会更多生活需要的知识，获得关于人生的体验。我们经常说育人要先让学生学会做人，然后再来学习科学文化知识。这里的做人其实是做一个活在世界之中而不是之外的人的意思，更不是单面的人。

《意见》第二部分，提出了“新世纪我能行”的活动构想。构想首先给出了“新世纪我能行”的内涵，“是通过开展符合少年儿童身心发展规律的具有少年儿童情趣和时代气息的实践活动，帮助少年儿童从家庭生活、学校生活、社会生活和大自然等各个方面，寻找一个‘岗位’，扮演一个角色，获得一种感受，明白一个道理，养成一种品质，学会一种本领，从而提高自己的全面素质”。下文则是从体验对象的角度作了说明，然后提出了对这个活动的具体要求。

从“新世纪我能行”这个标题，我们至少能读出两个意思来。一是“新世纪”，我们从20世纪迈入21世纪，我们的国家逐渐迈入世界强国之列，我们的生活逐渐富裕起来，这是新世纪的特征。在这个背景下，对于青少年少先队的教育也应该与时俱进，在现时代的具体情境中，做好教育工作。二是“我”，这个“我”指的是广大少先队员，也指的是每一个少先队员自己。也就是说在“新世纪我能行”这个活动当中，来扮演主角的不是别人，就是“我”——少先队员自己。上文提到活动要以少先队员为主，但是在这里更应该强调的是亲身体验。体验是不能被代替的，任何他人的体验都不是自己的体验，他人说得再生动、形象，也无法给予自己相同的体验感受。

体验主要通过四个途径获得，即家庭生活、学校生活、社会生活和大自然，这四个部分组成的就是一个完整的外部世界。

家庭生活是孩子启蒙教育开始的地方，也是深刻影响孩子性格等品质的地方。使用体验的方式，让孩子做父母的事情，比如家务，比如从家长的角度来考虑家庭的境况，作出决策。让孩子热心地帮助残疾人、孤寡老人，这样双方都可以从中体会到家庭的温暖。

现在的小孩子大概从三岁上幼儿园开始，到大学本专科结束，近二十年时间，其实大部分都是在学校里度过的。学校是教育重镇，抓好学校教育是关键。《意见》认为，学校体验的重点部分，是让学生体验到学校的各个岗位，让学生从中学习到尊敬师长、勤奋学习的品质。

可以说，社会生活是少年儿童最为缺乏的。这是必然的，因为毕竟生活环境比较单纯。但更重要的原因是父母出于保护孩子的目的，不让他们接触社会，或者有了接触，但只是浅尝辄止。实际上，如果他们能对社会有所体会，会更好促进他们的成长。体验社会各色人等的职业特点，肯定会让他们直观地体会到社会的种种，无论优美还是丑恶。

对大自然的体验似乎是现代被人忽略的教育方式。古人说“读万卷书，行万里路”，既强调了读书的重要，也强调了游历的重要。出外游玩，贴近大自然，从中获得的是一种最真切的感受，新鲜的空气，欲滴的翠绿，比任何教科书上的描述都更为迷人。自然给人以豁达的胸怀，给人以生活的激情，一次自然的旅行简直就是一次心情的洗礼与重生。

《意见》对“新世纪我能行”提出的具体要求，有几个特点。一是活动要形式多样，符合少年儿童的身心发展规律。从实际出发，制订少年儿童喜爱的活动计划，才能起到体验的作用。二是要尽力评价标准。用体验的教育思想来指导“雏鹰争章”活动的深入发展，又要坚持把雏鹰奖章作为衡量、评价少年儿童在体验教育中取得进步的标准。有了标准，就好衡量；衡量就是促进发展的动力。三是要建立体验教育发展的社会化机制。首先是取得各个单位的联动，包括学校、家庭、社区，以及其他各个可以提供体验经验的单位。其次是加强对于少先队辅导员的培养。俗话说名师出高徒，只有高明的师傅才能带出好徒弟来。辅导员对于体验的认识直接影响到体验教育的质量。

《意见》是一个发展体验教育的纲领性文件，它有理论性，也有可操作性，为体验教育的发展提供了导向。

二、社会化的体验教育——福建案例

（一）阵地社会化建设：为实践体验教育活动提供阵地保障

一年来，福建省少先队组织在发挥学校这一基本阵地作用的同时，充分利用社会上的多种阵地，如青少年宫（家、站）等校外教育阵地，积极创建校外德育基地、劳动实践基地、科技活动基地、少年军校、国防教育基地等。在此基础上，各市少工委命名了一批市级“雏鹰训练基地”，福建省少工委联合社会有关职能部门共同命名“福建省雏鹰训练基地”，为实践体验教育活动提供了阵地保障。如漳州积极拓展社区活动阵地，漳州市少工委和芗城区少工委积极争取街道办事处及房地产开发商的支持，在各社区开辟出少先队活动阵地，设立队建室、活动室和“雏鹰训练基地”等，与青年文明号单位联合发展中、小型的社区活动场所。泉州市建立了“泉州市红领巾假日农庄”“泉州市小学生劳动生产实践基地”等阵地，创建了少年军校、少年消防警校、多媒体培训中心等教育基地。龙岩市在市地税局、市环保局、市工商局等所管理的十个行业中建立校外“雏鹰争章训练基地”。漳平市利用社区服务中心、校外德育基地、实践基地、娱乐中心、培训中心等活动场所建立校外“雏鹰争章训练基地”。莆田市少工委与市地税直属分局、市地震局等十家单位一起联合建立了“纳税章”“地震观测章”等十个“雏鹰奖章校外训练基地”。厦门市广泛创建少年军校，厦门市少工委和某部队共同创建了厦门市少年军校总校，成立湖里区少年军校、思明区少年军校等五所分校。厦门市少工委还在希望小学里开设城乡小伙伴“手拉手”劳动基地，在社区开辟教育实践基地。

（二）组织社会化建设：为实践体验教育活动提供组织保障

一年来，福建省少先队组织置身于改革开放的大环境中，主动适应社会发展变化，充分发挥少先队组织联系少年儿童与学校、家庭、社会的桥梁作用，加强少先队组织与外部其他组织的联系，吸引越来越多的社会有关组织参与到关心少年儿童成长成才的事业中来。

福建省少工委积极推广福州市王庄、宁化等社区建立少工委的典型经验，按照社会化的工作思路，逐步在全省各街道、乡镇、居民小区建立社区少工委。同时，按照就近就便和少先队员自愿的原则，在街道、居委会、楼群、院落组建社区大、中、小队，广泛开展以服务他人、完善自我为主要内容的社区体验教育活动。如厦门市在几大社区陆续成立少工委，将“雏鹰行动”“雏鹰奖章”的实施纳入社区教育管理工作中，形成学校、社区、家庭一条龙教育网络。泉州市少工委针对本市社区发育情况，坚持以点带面，重点先抓西湖小区等几个社区建队工作。三明市少工委在三元区、梅列区进行了社区建队试点工作，目前成立了三个社区少工委。漳州在芗城各街道、各社区成立社区少工委和小区少先队理事会。

此外，如泉州团市委、市教委、市少工委和市关工委联合命名的七个类别单位分别为“红领巾校外教育、文化教育、科技教育、法制教育、国防教育、卫生教育和安全教育单位”，厦门市成立的市少先队雏鹰争章工作指导中心，莆田市建立的雏鹰奖章校外训章活动领导小组，龙岩市成立的全市少先队校外“雏鹰争章”活动领导小组，以及宁德市成立的市妇女儿童消防教育活动指导委员会等，都为福建省开展实践体验教育活动提供了强有力的组织保障。

（三）活动社会化建设：为实践体验教育提供活动保障

一年来，福建省各级少先队组织积极服务于党政工作中心，服务于素质教育，密切联系社会各界，共同开展丰富多彩的少先队活动。通过实践体验教育与社区少先队工作、“雏鹰争章”活动、“手拉手”活动以及少先队创新教育等主要活动的有机结合，使少年儿童从学校走向社会，加快少年儿童社会化的进程，促进少年儿童在实践中体验，在体验中成长。

1. 社区体验

通过社区少先队活动和“雏鹰假日小队”活动，充分利用各种社区设施，发挥各种阵地优势，引导队员在实践中体验，丰富、充实自己。如泉州市开展“爱家乡”夏令营活动，在地税局团委、邮政局、法院、海交馆等教育单位的协助下，组织少先队员进行角色模拟体验活动，采用“听、跟、学、做”等方式体验社会生活和工作，获取各方面知识，通过征文、书画赛等形式进行反馈。漳州市芗城区实验小学少先队与全国闻名的“漳州 110”共建，在福建省率先成立“红领巾 110 大队”，组织队员参观“漳州 110”荣誉室，进行队列训练，学习急救包扎、心肺复苏技术，并与警务人员一起开展社区服务，值班巡逻，接警出警，送温暖、献爱心、救孤助困等活动。

2. 争章体验

在开展“雏鹰争章”活动时，福建省少工委要求各级基层少先队组织充分整合社会资源，发挥校外教育阵地作用；加强队员自主定章的灵活性，认队员根据实际自主选择章目；强调实践性，要求“雏鹰争章”的各个环节重视实践性。通过“雏鹰争章”活动把实践体验的目标更加阶段化、具体化、活动化，把抽象的目标变成少年儿童看得见、摸得着、做得到的具体要求，用争章来促进实践体验，让少先队员在争章活动中体验成功，不断实现自我超越。如漳州市芗城区实验小学争“家务章”，在低年级队员开展学洗一双鞋、擦一次地板、整理自己的房间等活动；高年级队员开展“今天我当家”活动，让他们体验父母的艰辛，学做力所能及的事，从而使少先队员在体验教育的过程中得到了锻炼提高，深化了“雏鹰争章”行动的内容。泉州市利用校外“红领巾教育单位”在学习训练空间、专业人力资源和经费等方面的优势，组织队员走进纳税大厅，听取志愿辅导员讲解纳税知识，扮演税务工作人员和纳税人，回答纳税知识，最后进行考章、颁章，获得了明显教育效果。南平市团市委、市少工委联合市委宣传部、市教委和电视台等部门在市电视台开展“新世纪，我能行”“雏鹰争章”技能活动，将

“雏鹰争章”搬上电视荧屏。龙岩市团市委、市少工委联合市环保局、电业局等十个单位开展“环保章”“安全用电章”等十个项目的争章活动。

3. 情感体验

福建省少工委充分发挥其地理优势，继续加强与港、澳、台少年儿童“手拉手”活动，响应西部大开发号召，组织沿经济较发达地区少年儿童与西部少年儿童“手拉手”，针对贫困山区和农村经济欠发达地区，深化城乡少年“手拉手”活动。在“手拉手”活动中，注重引导队员在与小伙伴书信交往、见面互访中，达到心灵的沟通，体验交友助人的快乐，增强对社会的了解，培养少先队员的爱心与责任感。如漳州市芗城区实验小学少先队全国最佳“雏鹰假日文明小队”——五（3）中队的“红领巾 110 雏鹰假日小队”在与天宝镇月岭小学的伙伴们开展“手拉手”活动中，通过通信、互访、座谈等形式，使队员们深刻地感受到农村生活的艰苦，农民劳动的辛苦，粮食的来之不易，纷纷表示“今后再也不浪费粮食了”。此外，三明市少工委联合市教委、市邮电局举办“EMS”杯“手拉手”书信赛、“手拉手重走长征路”考察活动等“手拉手”活动。厦门市带领城市少先队员到农村希望小学去，和农村新朋友“手拉手”，认识农作物，体验农村生活。通过开展这些活动，使队员们亲身体验许多课堂上体验不到的人生感受，从而更增强了热爱家乡、建设家乡的美好情感。

为了营造亲密和谐的亲子关系，重构现代家庭亲情，让少年儿童在父母亲情的滋润下体验童年成长的快乐，福建省在部分学校开展了“亲子营”的试点工作。如福州市茶会小学举办“我爱我家亲子乐园”，让孩子与父母一起参加活动，体验成长，感受成长的快乐。通过“开营日——亲子活动欢乐与共；读书日——一起走向书香世界；沟通日——亲子桥连着你我他；感恩日——爸爸妈妈我爱你；服务日——体悟奉献的快乐；环保日——环保从我家做起；同乐日——亲近自然陶冶性情；展示日——春风吹进我的家”八日训练营活动，为父母与子女搭起沟通的桥梁，让孩子与父母进行心与心的交流，促进家庭关系的和谐发展，让亲情融入千家万户，走进小区的每一个角落。

（四）创新体验

在开展体验教育的过程中，紧密结合少先队创新教育，突出福建省乡土特色和实践育人的思想，强调对少年儿童创新勇气、创新意识、创新思维、创新技能的培养，大力培养少年儿童的创新精神和实践能力，引导他们在实践中创新，在创新中体验。如福州市晋安区少先队组织紧密联系区委“建设新城区、开发大山区”的工作重点，突出本区乡土特色，开展“我是创新实践小能手”体验营活动。他们通过学习辨认果树，到农田劳动，野营训练，参观部队营地，操作高炮等活动，锻炼学生的意志，提高实践能力和水平。目前，全区已有 300 名中小学生参加了体验营活动。泉州市少工委结合本市特点，积极开展了青少年科技夏令营、科技周活动、青少年科技作品展、“世界大型珍奇昆虫蝴蝶展暨爱我们的家园征文赛”以及“学科学、爱科学、用科学”主题队日等活动，让孩子们在活动中充分感受科技的魅力，增强自身科技意识和创新精神。

（五）体会与思考

通过一年来的实践，我们认为以社会化的方式推动实践体验教育活动的开展是一个有效的途径。以社会化的方式推动实践体验教育活动的开展，并不是不重视校内实践体验教育活动，而是在做好校内实践体验教育的基础上，更加关注社会对少年儿童成长成才的重要性。因为面对当前社会经济、科技、文化的发展，人与人、组织与组织、人与组织之间的互动性越来越强。其次随着节假日增多，少年儿童的校外活动时间越来越长。少年儿童走向社会参加实践体验教育活动显得更加重要，少先队组织就是要创造条件让少年儿童在社会实践体验中早日成长。

以社会化的方式开展少先队工作，使校外许多的资源得到挖掘和利用，让少年儿童在许多的课外时间里有所去、有所为，是当前少先队组织自身发展的需要，也是当前推动实践体验教育活动的开展的一个有效的途径。虽然福建省在这方面已经作了有益的尝试，也取得了一定的阶段性成效，但也存在着一些问题，需要在今后的工作中逐步加以解决。首先就是宣传力度不足的问题。开展实践体验教育，让少年儿童在学校生活、家庭生活、社会生活以及自然生活中得到快乐的体验，促进少年儿童健康成长，在各级少先队组织内已经达成了共识，但就全社会而言，对体验教育的目的、意义、内容、方式、方法等还不甚了解。其次就是家长方面存在的问题。我们说教育是一项系统工程，需要学校、家庭、社会的密切配合，而社会在一定意义上说又是由每一个家庭所组成的。因此，家庭因素在推动体验教育社会化过程中所起的作用是不能忽视的。父母素质高低不同，决定他们对子女教育目的、方式上的不同，由此决定了他们对学校、社会所采取的教育方式、方法的接纳程度和认同程度。家庭对学校、社会教育的认同度越高，其配合得就越默契，取得的教育效果也就愈佳。正如福州市一位教育局的领导所言：“不要说是在跟西方争后代，我们现在是在跟家长争后代。”再次，活动本身毕竟是属于浅层次的，对孩子在思想上的影响也是不确定的。因此，要真正达到体验教育的目标要求，还必须从源头抓起，注重对少年儿童的思想品德教育，把德育目标通过实践体验这一途径内化为少年儿童的心理内需，必须建立起学校、家庭、社会三位一体的德育体系，真正把少年儿童培养成为适应新世纪要求的全面发展的建设者和接班人。

实践体验教育是少先队教育的新观念，体现了现代化教育的基本特点。它突出了教育的主体性，强调尊重少年儿童在少先队组织中的主体地位，重视发挥他们的主体积极性。这个教育思想在福建省以前的活动中已经有所结合，但作为一个全新的观念提出来，有许多的理论仍需在今后加以认真研究，以不断指导工作。以社会化的方式开展实践体验教育活动只是个开始，基层有许多活动正在尝试和探索中，需要今后不断总结，并将这一活动开展得更好。

三、养成良好习惯，培养健全人格——北大附中深圳南山分校案例

教育家叶圣陶先生说："教育就是培养习惯。"北大附中深圳南山分校以培养学生习惯为切入点，强化学生行为规范教育。根据学生的年龄特点和每学期不同阶段的具体情况，以"好习惯，好人生"为主线设计了"好习惯培养"系列。

（一）"构架爱心教育体系，实施特别关爱工程"——让学生在自主体验的爱心教育活动中培养责任意识和爱心品质

为继续贯彻北大附中深圳南山分校"育人为本"的办学理念，体现该校"以学生发展为目的"的发展教育思想，本着对学生负责、对家长负责、对社会负责，使每个孩子都能健康快乐地成长的教育宗旨，该校在首批"代理家长"工作取得一定成绩的同时，总结经验，不断深化，在2002年6月启动"特别关爱"系列——"代理家长"工作之二。"特别关爱"工程立足关爱教育对象素质的全面发展，创设宽松、愉快、尊重、关爱的教育环境，全面实施以关心、爱护为核心，以关爱、启迪、矫治为基本方法的教育，丰富和发展该校"发展教育"思想。

1. 全面总结首批"代理家长"工作

首批37位"代理家长"，遵循"自愿、无偿、奉献爱心"的基本原则，对首批37名关爱对象的思想、学业、生活、习惯等进行全方位的关心与爱护，使37名关爱对象取得了明显的进步，在社会上引起了良好的反响。一年级9班刘卓然同学来自香港，刚入学时语言障碍特别大，又很不适应寄宿制生活。自从"代理家长"李中青教师来到他的身边，他的进步非常大。上学期，他被评为"学习进步的孩子"。"代理家长"认真工作，根据关爱对象情况的变化不断地调整关爱行为，并为关爱对象制作"成长记载表"，总结经验，积累资料。

2. 启动第二批"代理家长"工作

"优秀特长生"是第二批选择的主要关爱对象，通过班级、年级层层推荐，该校确定了许冠池等16名学生为第二批关爱对象，通过自我申报，学部考核，巩琪等16名教师被确定为该校第二批"代理家长"。2002年5月31日上午10：00，举行了"北大附中深圳南山分校特别关爱工程——第二批'代理家长'工作签字仪式"，第二批"代理家长"非常愉快地挑起了这副重担。

3. 摸索经验，实践创新，扩展特别关爱范围，丰富“特别关爱工程”的内涵

在总结“特别关爱工程”系列之一——“代理家长”工作经验的基础上，该校进一步扩展了特别关爱范畴。

(1)“走向社区，服务社会”——“特别关爱工程”系列之二

让学生走向社区，通过走访、参观、调查、了解社区的一些基本常识，并自觉产生服务社区的意识。4月，四年级学生通过走访、调查星海名城社区，写了155份调查报告，并给社区提了188条改进意见。在这个基础上，成立了“红领巾特别关爱社区服务公司”，常年招聘有关人员，总经理张张同学带领各小分队队员开展了首次服务活动，受到了居民们的好评。

(2)“导师助教制”——“特别关爱工程”系列之三

让每一个人得到最充分的发展，“特别关爱”走进了生活管理教师行列，关爱刚走出校门的生活管理教师，帮助他们解决学习与生活上的困难，给他们创设良好的学习环境与成长的空间。首批导师9名，助教10名，导师与助教一对一，或者一对二，共同探讨学习与人生，共同进步，共同提高。

(3)“学生干部带班制”——“特别关爱工程”系列之四

鼓励高年级学生干部，到低年级做班主任助理，帮助低年级学生共同建设班级工作，帮助有困难的低年级学生解决学习与生活上的困难。首选的28名学生干部，在一、二年级带班，眼保健操时间，他们主动到低年级教低年级学生做眼保健操；活动时间，他们跟低年级小朋友一起玩耍；班队会时间，他们帮助低年级班主任一起组织班队会，和低年级学生一起探讨问题。此举，深受小朋友的欢迎，也培养了学生干部的责任意识和爱心，加强了不同年龄阶段学生之间的互动与交流。

(二) 尊重小学生品德形成的实践性规律——体验教育是小学生自主体验德育实施的基本途径

该校体验教育的指导思想：贯彻江泽民同志以德治国的重要思想，凸显学校“以德立校、育人为本”的办学理念，以“合作、服务”为核心，以“实践、创新”为重点，以集体主义为原则，以“爱祖国、爱人民、爱劳动、爱科学、爱社会主义”为基本要求，以学生的发展为目的，以创新与发展为价值取向。通过引导少先队员在丰富多彩的实践活动中体验，加强少年儿童思想品德教育。

第一，参与社会实践，了解社区，服务社区。

让学生走向社会，体验社会生活。在社会实践活动中培养学生实践能力和服务社区的意识。整合深圳特区优良的社区教育资源，教育学生认识社区，服务社区，培养学生对社会高度负责的精神。

（1）参观社区。

通过参观让学生初步了解星海名城社区的建筑布局、居住环境、社区服务、社区文化。

（2）服务社区。

根据学生的年龄特点和学生的能力状况，遵循“自愿参加，乐于服务，志在奉献”的基本原则，开展“服务社区我能行”活动。

成立少先队“特别关爱”社区服务有限公司，以“志愿小分队”的形式出现，并长期招聘以下人员：环境保护小分队队员、心连心艺术表演小分队队员、法律宣传小分队队员、网络培训小分队队员、形象设计小分队队员。

（3）给社区提建议。

四年级学生参观星海名城社区后给社区提了188条建议，希望社区加强管理，保护生态环境，多提供老人康健、娱乐服务设施及医疗配套设施。部分建议得到了星海名城居委会的重视。

第二，举办小学生形象设计创意大赛，在实践中陶冶学生情操，净化学生灵魂。

为了营建多元、开放、创新的文化氛围，创设思考、实践、创造的学习空间，陶冶学生情操，培养学生实践能力与创新习惯，发展学生综合素质，该校德育办举办了小学生首届形象设计创意大赛活动。

（1）活动的基本原则。

开放性原则：开拓视野，放飞想象，让学生根据自身年龄特点和认知规律广泛涉猎古今中外信息，进行大胆的想象、加工与再创造。

实践性原则：让学生在思考、想象、制作、创新的过程中发现问题、积累经验、发展素质。

创新性原则：鼓励创新，让学生在创新的过程中体验成功，实现自身价值。

（2）形象设计创意的内容。

社会形象：根据不同年龄学生对社会某一方面或某一现象的理解进行创作，表达自己的感情。

家庭形象：以自身家庭或者他人家庭的人或事为素材进行创作，寄予小学生对家的期望。

学校形象：让学生充分认识与了解北大与北大附中深圳南山分校，使学生热爱北大、向往北大、创意北大与南山分校。

班级形象：班集体是学生的又一个家，班级良好形象是学生的追求与理想。让学生大胆想象，用自己的创意表达对班集体的爱。

个人形象：让学生在个人形象的创作过程中进行自我教育。

自然形象：爱护动物，保护大自然，让学生用创作来表达他们心目中对大自然的向往。

（3）活动的效果。

全体学生都参加了这次活动，推荐参加学校评比的作品一共有800多件，获奖作品600多件，该校在三楼大空间分主题进行了展示，并组织全体学生进行了参观。学生在参与设计创意的过程中，受到了良好的教育。

第三，捐款植树，保护环境，参与“能否炸毁月球”大讨论。

第四，倾情山水，体验自然，呼吁让这些“移民”都回家——善待动物。

参观动物园后，许多学生对强迫动物表演提出抗议，对动物所受到的“非礼”表示同情，部分少先队员还提出“取缔动物园，放虎归山”的建议。

第五，召开“让心灵插上自主体验的翅膀”大队会。成功总结一年来小学生的体验教育成效。

2002年5月31日上午，该校成功举行了“让心灵插上自主体验的翅膀”主题大队会。

活动目的：为庆祝“六一”国际儿童节和该校两周年校庆，活跃校园文化，通过丰富多彩的大队活动来活跃校园文化和总结小学部建校以来的教育成绩和经验，推动德育工作向前发展。

活动主题：放飞心灵，自主体验。

活动形式：少先队大队会形式，会议表演与活动穿插进行。

活动内容：

（1）优秀少先队员表彰，新队员入队宣誓。

（2）少先队工作总结，优秀中队表彰。

（3）第一批“代理家长”工作总结表彰，举行第二批“代理家长”签字仪式。

（4）形象设计大赛活动颁奖仪式，“关注中东，呼吁和平”演讲比赛颁奖仪式。

（5）“特别关爱”社区服务公司成立。

（6）表演。

（7）活动观摩。

（三）“突出以人为本思想，凸显现代文化德育理念”——自主体验德育模式的价值取向

第一，关注人的心灵，关注人的成长，整合社会、家庭、学校资源，形成合力，打造良好的教育环境。

办学一年来，社会各界非常关注该校，给予了他们很大的支持，多家新闻媒

体对该校“以人为本”的现代德育观表示极大的支持和赞赏，对其“爱心教育”进行了相继的报道，引起了社会各界的关注。

该校非常重视学生的家庭教育，建立了“家校联系制度”。通过上网、打电话、校访、家校联系卡等多种形式，进行家校沟通。广大家长都能站在对教育高度负责的角度，给学校教育教学工作提出宝贵意见，给学校的发展提供了宽松的外部环境。

小学部高年级也实行“无人监考制”，让学生作自律承诺，培养诚信的品格。低年级取消监考教师，换上了和蔼可亲的考试指导教师，减轻了学生应考的压力，相信与尊重了学生的自我行为。为学生的成长营造了一个宽松、和谐的校园环境。

第二，开放校园文化，突出现代德育特征，建设交流、互动、开放的文化长廊。

（1）逛知识超市，品文化快餐。

建设开放图书馆，该校在各年级教室门前配备一定数量的图书、画册、报刊，供学生选择使用，培养学生爱书、护书的良好品质和习惯。教给学生阅读的技能、交流的方法。培养学生自律意识和自主管理的能力。本学期总共配备7000多册图书，计划两年之内，生均配备图书23册，达省一级学校图书标准。

（2）建设交流、互动、开放的文化交流长廊。

文化交流长廊的内容：图书、画册、报纸、师生作品展、班级信息、名人字画、格言、班级主题汇报、班刊、班报、校园网、电子图书城、交流桌椅。

文化交流长廊的特点：交流、流动、开放。通过一个学期的实施，效果非常好。

（3）学生自主参与，教师进行指导，师生共同建设符合学生年龄特点和身心发展规律且有自身个性的班级文化。

现代德育强调营造轻松、愉悦的教育环境，建设科学、合理且有交流、互动、开放特征的文化氛围，一改以往传统德育高、空、远的弊端。让德育紧密联系学生生活实际，在自主学习与生活实践中体验，在体验中实践，终身受益，为人的可持续发展奠定坚实的基础。

第七章　体验教育的阵地及队伍建设

前文从理论层面对未成年人体验教育作了系统的阐述，下文则是从实践层面对未成年人体验教育作出具体的安排，即以体现教育公平性和教育主体性为原则，并且围绕体验教育科学性和特殊性为基础，对未成年人体验教育实践层面的阵地及队伍建设作出具体安排。

一、未成年人体验教育的阵地建设

（一）创建未成年人体验教育的交流平台（体验教育协会）

创建未成年人体验教育的交流平台，有很多种形式，湖北省在黄石市召开的“全省未成年人体验教育交流会”形式可以借鉴。2007 年 7 月在黄石市召开的“全省未成年人体验教育交流会”（下文简称“交流会”），作用很大，充分体现了湖北省对未成年人体验教育的高度重视，同时也让各地市、州、县在交流会上展示了各自未成年人体验教育的成果，相互之间也得到了经验的交流和理论的创新。而将这一会议办成一个长效机制，将促进湖北省未成年人体验教育事业的蓬勃发展，为湖北省培养更多更好的优秀人才。怎样使其成为一个长效机制，笔者围绕未成年人体验教育的目的作了以下设想：①将交流会变成一个固定的年会。只有将交流会变成一个固定的年会，才能使其成为全省未成年人体验教育的终端，同时也能更好地保证湖北省未成年人体验教育的长期性，让未成年人体验教育得到健康快速的发展。②由省有关部门的领导和专家学者协商会议的宗旨和内容。省有关部门的领导参与是前提和基础，能够加大体验教育的执行力，而专家学者则是体验教育内容科学合理性的保证。交流会的宗旨和内容是湖北省整个未成年人体验教育的方向标，是在遵守国家的法规和坚持党的基本路线的前提下，按照改革开放及社会发展的要求，促进青少年体验教育事业的发展，为发展与社会主义市场经济体制相适应的青少年体验教育工作服务，为满足湖北省青少年的健康成长与成才需求服务，为党政有关部门及有关社会团体、机构制定有关青少年体验教育的政策，处理有关青少年体验教育的事务服务。③建立健全交流会的组织机构设置。交流会设立常务理事机构和各职能理事机构，便于组织和召开大会。④订立会议的议事程序。以上主要是对交流会机构设置作了一个介绍。而对于交流会的运行就图 7-1 进行阐述。

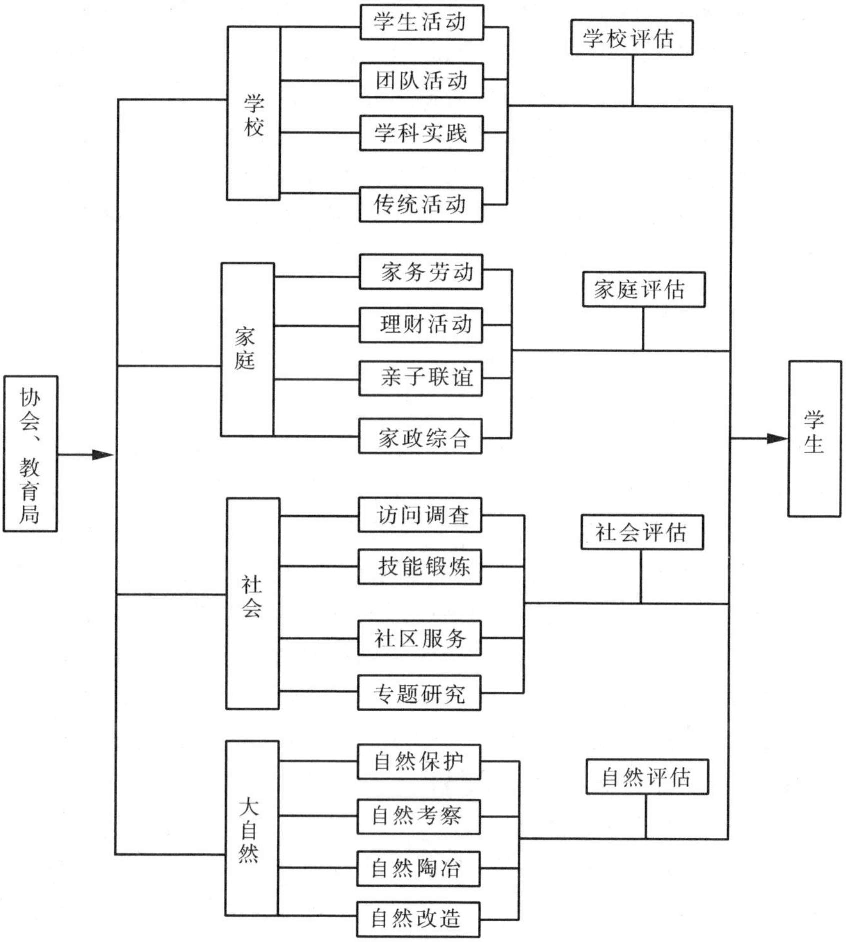

图 7-1

图 7-1 已经充分说明了交流会在整个体验教育中的地位和作用。就交流会在整个体验教育中的运行情况，作进一步的解释。交流会作为湖北省的体验教育终端，全省未成年人体验教育交流会主要是应对全省范围的未成年人体验教育遇见的困难和问题能够得到及时有效的解决，同时也兼具组织召开全省未成年人体验教育交流会年会和整理年会的交流成果。每次的年会将有大批的专家和省里的领导与会，对于本年度湖北省体验教育的工作作一个详细的总结，然后根据本年度的工作情况加以补充和研究，提出下一年未成年人体验教育的计划和发展方向。而这一总结的依据也就是对于学校、家庭、社会、大自然等体验教育进行一个综

合的评估，得出一些相关的数据，然后对这些数据进行分析得出结果并加以补充和研究，最后以书面的形式出版。而这种书面形式的成果，又会给下一年学校、家庭、社区等未成年人体验教育的场所给出一个纲领性的标准，让下面具体开展未成年人体验教育的机构有章可循，同时也保障了未成年人体验教育的科学性和合理性，让未成年人体验教育朝着社会主义的发展方向走。此外，交流会还有另外的一个作用：负责对教师在体验教育中的培训。因为教师作为教育者在体验教育中起着决定性的作用，对于青少年体验教育有着推进和向导作用。培训的内容主要是改变教师在传统教育中的观念，使其成型现代的启发、引导的体验教育观念，从而提高教师的专业素质。

（二）创建社区未成年人体验教育的基地

在全省范围建立社区未成年人体验教育的基地，社区是一个小型的社会，有别于学校和家庭，能更大限度地展示社会生活，这也是未成年人体验教育中社会体验的基点。让未成年人在社区的体验，很大程度上是一种走向社会体验的热身活动，为未成年人体验社会提供了一个认知和心理上的过渡期。正是这个过渡期培养了未成年人逐步学会观察社会、思考社会问题，增强了社会适应能力，激发了热爱家乡、热爱祖国、热爱和平的激情，同时也学会了尊重他人、关心他人、与人和睦相处的道德情操。所以，创建社区未成年人体验教育基地是未成年人体验教育完整性的重要一环。对于创建社区未成年人体验教育基地，我们从总体上考虑，并结合图 7-2 有以下的几点思考：①社区体验基地的建立，社区体验教育基地质量和数量上应该注重合理性。我们建议在农村就以国家行政区域划分上的镇为单位建立一个社区体验中心；在城市就以行政区为单位建立一到两个社区体验中心。这是基于农村与城市现实差距所决定的，城市有比较好的公共基础设施，农村则比较落后。②社区体验基地的机构设置，主要适应对体验教育的进行而设，保证社区体验教育的高质量开展。③体验内容的不同，考虑到农村和城市的现实资源和环境等因素的区别，突出社区体验内容的不同，有效利用当地应有的环境和资源展开体验教育。农村社区的体验教育基地可以办成“森林体验”“渔业体验”“耕种体验”等，让未成年人能够亲身感受到不同的社会生活经验。城市社区可以办成“科技体验”“艺术体验”“工厂体验”等让未成年人亲身感受科技的力量和艺术的魅力。

从图 7-2 中我们可以得出社区教育基地的运行模式，即学生的需要反映到教育局和协会那里，经过专家的研究和教育局领导的批示，得出一个可以执行的方案并将这一方案传达给社区教育基地，而社区教育基地将会对方案实施，但是我们可以看到社区教育基地所设立的机构能够较为全面地满足学生需求。我们在图 7-2 中的社区教育基地其实是一个统称，在基地的地理位置上我们可以理解为城

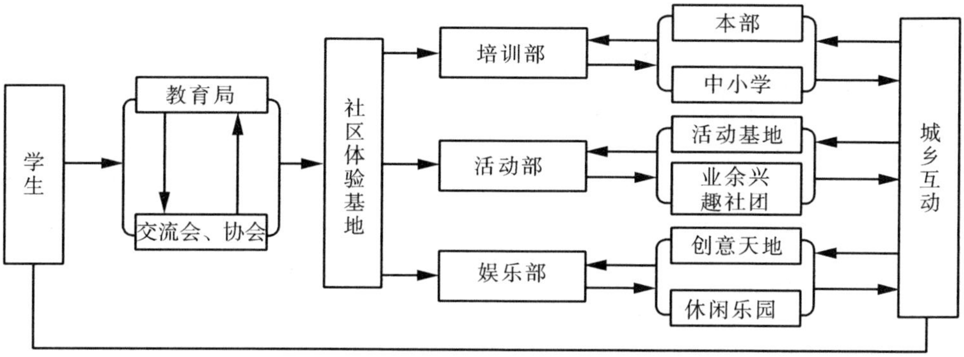

图 7-2

市和农村，在基地的类型上我们可以理解为根据不同的体验内容而产生的社区体验教育基地。但这种模式是不会变动的，因为社区体验教育基地没有一个像学校一样的完整教学机构设置。

基于教育公平和均衡性的原则，我们可以在体验教育上实施一种城乡均衡的教育机制，尽量拉近城市与农村的教育差距。城乡互动则是一个很好的设想，城乡互动就是定期让农村的青少年到城市体验，同时也将城市的青少年送到农村去体验。让农村的少年儿童在城市享受“科技体验”“艺术体验”“工厂体验”等城市社区独具特色的体验活动，亲身感受科技和艺术的魅力。城市的少年儿童也可以在农村体验到“自然之美”“耕种之苦”，让他们真正体会到“粒粒皆辛苦”。

社区体验教育是一个体验教育的实施者，能够近距离与学生相处，有必要设立一个评价标准。我们可将社区体验教育评价标准分为比较大的几类（见表 7-1）。而对社区体验教育中的每个单项，则需要进行细化和量化的工作，设定出具体的标准。对每一个单项的评估给出一个可以比对的分数，通过每一个单项前后的分数可以看出体验教育的效果。

表 7-1　社区体验教育评价表

体验领域	体验内容	年级					
		低年段		中年段		高年段	
		体验前/%	体验后/%	体验前/%	体验后/%	体验前/%	体验后/%
社区体验基地	生活活动						
	团队活动						
	学科活动						
	传统活动						

（三）家庭体验学校的建立

对于家庭体验教育我们在前文已有了很多的阐述，这里就不赘述了。主要就怎样进行家庭体验教育的操作模式给出几点意见：①对家长的知识水平的要求，在家庭学校教育中的教育者与国家正规学校的教育者具有明显的区别。正规学校的教育者是指履行教学者职责的专业人员，承担教书育人、培养社会建设者、提高民族素质的使命，是专门的教学人员；家庭学校教育中的教育者多数为孩子的家长，孩子的家长有的没有接受过专业化教育，或没有教师专业培训经历，有的就是充裕的时间在家中与孩子相伴。为此，我们要对家长进行定期和专业的培训，但培训的内容要偏向家庭教育而与学校教育不同。②家庭学校体验教育的学习环境。许多家庭学校教育的支持者认为：一个家庭学校的教育者需要去满足孩子对周围世界的天生的好奇心以及与实施日常学习和教育相对应的环境。波兰教育家约翰·霍尔（John Holt）认为，家庭学校能摆脱对学校的完全依赖，让他们的孩子在家中或社区里自由地学习。他建议要完全地放弃那种定型教育，呼唤体验，并且认为家庭学校的体验教育能让孩子自然地学习阅读、数学、自然科学、艺术和其他任何让他们感兴趣的学科。家庭学校为我们描绘了这样一幅图景：孩子坐在厨房里的饭桌旁读书，父亲或母亲一边做家务，一边指导孩子，或者让孩子主动地参与家务劳动体验家庭生活的趣味，对于家庭的日常开支也可以让孩子统筹规划，培养孩子独立理财的能力。最后家人一起外出度假，欣赏大自然，甚至一起制作植物标本，让孩子体验自然的美好并学到科普知识。教育家杜威认为，学习发生在儿童与环境的相互作用中，教育在内容上应该配合儿童的发展。③家庭学校体验教育内容必须符合《中华人民共和国教育法》。不能违背《中华人民共和国教育法》的规定，实施一些不健康的体验教育。《中华人民共和国教育法》第三条规定：国家坚持以马克思列宁主义、毛泽东思想和建设有中国特色社会主义理论为指导，遵循宪法确定的基本原则，发展社会主义的教育事业。这也就指明了我国教育事业的指导精神。

对家庭体验教育的评估可以借用社区体验教育基地的评估方法，对于青少年在家庭中的表现，家长可以作一个较为客观的评价（见表 7-2）。

表 7-2　家庭体验教育评价表

体验领域	体验内容	年级					
		低年段		中年段		高年段	
		体验前/%	体验后/%	体验前/%	体验后/%	体验前/%	体验后/%
家庭体验	家务活动						
	理财活动						
	亲子联谊						
	家政综合						

（四）创建学校体验教育的改革

创建学校体验教育的改革，在机构的创建方面我们不用再设立机构，就用学校原有的机构，因为学校的机构设置是相当完备的，我们只需要在原有的机构上面叠加一些职能，便于体验教育的顺利进行。校长办公室成为学校体验教育的大脑，对于学校的体验教育活动作宏观上的把握。其他的部门只需要添加一个学校体验教育的职能，重点应该是学校的体验教育的教育课程改革。

学校体验教育的改革是一个双向互动的过程，涉及教师和学生两个主体的思想转变。关键是教师主体思想的转变，即由传统的“教—受”模式转向师生互动，共同生产知识的新模式。将学生在传统教育中的客体地位上升为主体地位，并能与教师之间组成一个共建式的现代教学机制。因此，这就需要解决两个方面的问题：一是教师要以学生体验进行教学；二是学生要以体验为核心，转变学习方法。在教师和学生的转变方面，重点又是教师，所以我们要注重对前者的改革。因为青少年儿童处在成长阶段，没有完全的心智和较高的知识储备，对事物、对问题缺乏较为全面的观察和判断，需要教师的渐进式的引导，使青少年儿童能够建立正确的人生观、价值观。

1. 创建教师根据学生的体验的教学

教师要根据学生的体验进行教学，首先要了解学生的体验，然后通过使课堂充满乐趣、创设体验情境，引导学生审美来提高教学效率。

一是深入了解学生的体验。不同的学生具有不同的体验，生活在不同环境中的学生具有不同的体验，因此，教师要根据不同学生的不同体验进行教学，做到因材施教，因人施教，就必须了解学生的体验。了解学生的体验的方法主要有谈话法、调查法、日记法。①谈话法是了解学生体验最为直接的方法。教师以和蔼可亲的态度同学生谈话，学生就会把内心的想法告诉教师，这样教师不但对学生有一个全面的了解，而且可以帮助学生解除学习和生活中令他们困惑的问题。②问卷法。教师可以把最想了解的关于学生的体验以问卷的形式列举出来，发给学生，让学生作出选择，通过对学生问卷的分析整理，进而了解全班学生的体验状况。③体验日记法。让学生写体验日记，把他们一天中感受最深的事情记下来，教师通过定期阅读这些日记来了解学生的体验。

二是使课堂充满乐趣。教师要想使自己的课堂充满乐趣，首先，要使学生在自己的课堂中轻松自在，没有压力。陶行知先生说过：“你的教鞭下有瓦特，你的冷眼中有牛顿，讥笑中有爱迪生。”学生之间的差异性往往导致某些教师在教学活动中的厚此薄彼，这种以凝固的、静止的眼光看待学生的做法等于否定了教师自己的教育教学工作。“自信人生二百年，会当击水三千里”，这是毛泽东人生态度的写照。作为教师，只有尊重所有的学生，善待学生的“出格”“瞎想”，鼓励学生大胆地想，自信地说，满怀期望地让每个学生抬起头来说话，学生才能大胆回答教师的问题，大胆发言，才敢流露出其自然的表情。其次，语言要风趣幽默，对于同一个问题，不同的语言表达带给学生的感受是不一样的，教师在讲课时要尽量用幽默风趣的语言来表述问题，或作娓娓动听的描述，或营造使人求知若渴的悬念，或者作画龙点睛的概括，或进行引起学生欢呼雀跃的讨论。再次，表述某个问题时要尽量把问题同学生所体验过的情境、事物结合起来。对于某些问题，如果学生在以前从来没有接触过，他很难对问题有很深的理解，教师有可能陷入对牛弹琴的尴尬局面，教师只有把这一问题同学生先前的知识经验或熟悉的事物结合起来才能取得事半功倍的效果。

三是创设体验情境。情感产生的机制之一就是引发人的兴趣的情境，即所谓的“触景生情”，进入某一实际情境，或接触模拟情境，甚至在头脑中想象的情境，均能激起人的体验。王国维说：“有我之境，以我观物，故物皆着我之色彩；无我之境，以物观物，故不知何者为我，何者为物。”① 语文教学的境界也大抵如此。如教朱自清的《荷塘月色》选配舒缓柔和的古曲《春江花月夜》作背景，再以绘声绘色的语调充满感情地朗读课文，带领学生一同进入那如诗如画的情境。“大家仿佛跟着作者，踏上幽静的小路，漫游荷塘。像沐浴着如水的月光，看见那隐约的远山，婀娜的杨柳，闻到微风吹送的缕缕荷香，聆听到一声声知了的鸣叫和青蛙的歌声。”② 又如李吉林创立的小学语文情境教学就是创设典型的场景，激起儿童的热烈的情绪，把情感活动和认知活动结合起来的一种教学模式。其最大的特点是运用多种途径创设情境，以激发儿童相应的体验，如生活展示情境、实物演示情境、图画再现情境等。

四是注重学生的审美体验。审美活动是激发与产生人的体验的一条重要途径，有人说“谁能在审美时通过整个心理因素的参与，领悟到生命的真谛及特定时代生活中最有意味的东西，谁就会获得审美的愉快”③。中学各门学科中都含有美的东西，教师只有引导学生发掘出其内含的美的因素，才能使学生身心愉悦，获得美的享受。审美体验作为审美活动过程中的中心环节，是指鉴赏主体在审美直觉的基础上，达到艺术审美活动的高潮阶段，调动再创造的想象力，激发丰富的情感，设身处地地生活在艺术作品之中，获得心灵的审美愉悦，把外在作品中的艺术形象转化为鉴赏者自身的生命活动④。

在审美体验中，想象和联想最为活跃。因为艺术作品的形象只是为欣赏者提

---

① 王国维：《人间词话》，生活·读书·新知三联出版社 1953 年版，第 67 页。

② 吴洪成：《现代教学艺术新论》，西南师范大学出版社 1994 年版，第 286 页。

③ 滕守尧：《审美心理描述》，四川人民出版社 1998 年版，第 298 页。

④ 彭吉象：《艺术学概论》，高等教育出版社 2002 年版，第 378 页。

供鉴赏的条件，鉴赏者要把这些形象变为自己内心的形象，就必须通过审美的联想与想象。因此，教师在教学中要注意利用艺术作品来培养学生的想象与联想的能力，逐步使学生的审美体验得以提升。同时，在审美体验中，情感发挥着极其重要的作用。体验的世界也是情感的世界，在审美体验中随着欣赏者的想象和联想的愈益丰富，欣赏者的情感也越来越强烈，使欣赏者逐步达到一种忘我的境界，使自身精神境界得到升华。这就要求教师在进行艺术作品的教学过程中采取各种方式来激发学生的情感，使艺术作品达到以情感人、以情动人的艺术效果。

2. 学生以体验为核心，转变学习方式

体验教育是一种“以人为本”的教育，是一种将受教育者的知、情、意、行统一整合的教育。它强调受教育者在学习上的自觉自愿，反对传统的灌输式学习方式。因此，在体验教育中应倡导新的学习方式，即自主学习、合作学习、探究学习的学习方式。所谓的“自主学习”是就学习的内在品质而言的，相对的是“被动学习”“机械学习”和“他主学习”。关于自主学习，国内外已有大量的研究。行为主义心理学家认为自主学习包括“自我监控”“自我指导”“自我强化”三个过程演进。首先要能够做到管好自己，其次就是认知建构主义学派认为，自主学习实际上是元认知监控学习，是学习者根据自己的学习能力、学习的要求，积极主动调整自己的学习策略和努力程度的过程。而我国学者庞国维则将“自主学习”概括为：建立在自我意识发展的基础上的“能学”，建立在学生具有内在动机的基础上的“想学”，建立在学生掌握一定的学习策略的基础上的“会学”，建立在意志努力的基础上的“坚持学”。总之，自主学习强调学生学习目标的自主确定、对学习策略积极的思考、对学习过程中的良好情感体验的努力获取、对认知活动进行自我监控与调适。合作学习是指学生在小组或团队中为了完成共同的任务，有明确的责任分工的互助性学习①。通过合作学习，可以培养学生的合作精神和宽容态度，促进学生之间的情感交流与了解，获取更多的成功体验和快乐，增强自信，从而使学生的各方面的能力得到培养，提高了学习的效率。探究学习是指从学科领域或现实生活中选择和确定研究主题，在教学中创设一种类似学术（或科学）的研究情景，通过学生自主、独立地发现问题、实验、操作、调查、收集和处理信息、表达与交流等探索活动，获得知识、技能、情感与态度的发展，特别是探索精神和创新能力的发展的学习方式和学习过程②。

由于探究学习具有问题性、情景性、实践性和开放性，学生能在探究过程中获得理智的发展和深层次的情感体验，使自身的知识结构不断得到建构，获取更

---

① 王坦：《合作学习论》，教育科学出版社 1994 年版，第 18 页。

② 钟启泉：《〈基础教育课程改革纲要（试行）〉解读》，华东师范大学出版社 2001 年版，第 72 页。

多的解决问题的方法。面对信息时代纷拥而来的知识浪潮，学生如果仍旧以传统的学习方式应对，就难以适应时代的发展，在这种情况下，学生只有知道应学什么、如何学、如何用才能成为时代的弄潮儿，才能为社会主义的现代化建设贡献自己的一点绵薄之力。

二、未成年人体验教育的队伍建设

未成年人体验教育的队伍建设的重点是思想理论建设，关键是抓好教师的专业化建设。思想理论是整个未成年人体验教育走向何方，是否能成功完成教学预期的指导。而教师的专业化建设则是关系未成年人体验教育开展好坏和完成质量高低的关键。

（一）体验教育主体的思想理论建构

1. 教育者以体验为核心理论建构

教育者不仅仅指直接教育过程中的教师，还包括教育目的和方针的制定者、教科书和教材的编定者以及教育组织的管理者等。在教育过程中，包括在教育者整体中上述各种人是逐步发生职能上的分化的①。也有人把教育者定义为：在教育活动中以教为职责的人，他是直接对求教者素质的发展起影响作用的人，包括学校的教师、管理人员、兼职人员、家教人员、家长。其中，学校教师是教育者的主体和代表②。应该说第二种定义相对第一种定义来说过分强调社会本位，转向了对社会本位与个人本位的双重强调，扩大了教育者的含义。但随着教育中主体性理论由教师向学生的转移、教育目的由社会本位向学生本位的转移、教学中由教师的“教”向强调学生的“学”的转移、教学内容上由过分强调间接经验向强调直接经验的转移、教育理念上由阶段性教育向终身教育的转变等，教育者的内涵与外延也都应当合理扩展，教育者还应包括一切有自我教育意愿的人。我们根据教育发言权的大小把教育者分为三个教育群体，即高层教育群体、中层教育群体与下层教育群体（高层群体：教育管理者、课程制定者、教育学领域的学者；中层群体：教师；下层群体：家长）。

（1）对高层教育群体思想理论的巩固。

高层教育群体是教育理论研究的主体，是制定教育政策的核心阶层，他们制定的教育理论与教育政策对我国的教育发展起着决定性的作用。所以，对高层教育群体的关注，是对我国教育合理性发展的预期。要求他们在制定教育理论和政策时，必须具备丰富的教育体验。之所以要特别强调他们的教育体验，是因为在

---

① 南京师范大学教育系编：《教育学》，人民教育出版社1984年版。

② 柳海民：《现代教育原理》，中央广播电视大学出版社2002年版，第36页。

现实中，作为教育领域的高层群体，他们把过多的时间用在研究他人教育理论与教育成果上，从而导致他们对教育实践的忽视，从而也就缺少亲身的教育体验。怎样使他们获得自身的教育体验呢？我们认为应从以下几方面考虑：①自身的反思。也就是反思自身的受教育经历获得教育体验，他们具备较高的学历，从而也就有长时间的受教育经历，让他们亲身感受作为一个受教育者的需要、现实教育的弊端及其存在的问题，对这些问题探讨与弊端的总结、反思与回味就可以获得部分的教育体验。②对服务主体的调研。深入学生与教师中间进行周密详尽的调查，因为高层教育群体他们所做的任何的研究都应该以学生或教师为对象，都是为教师与学生服务的。通过对教师和学生的调研产生的主体间的理解，从而获得自身的教育教学体验，了解到教育教学中存在的问题。③进行直接的体验。定期安排教学实践，用他们的理论知识同教师就关于教学的问题进行边实践边探讨，做他们的理论指导教师与教学实践的学生。这样，在了解教师的同时，对学生有了更深的了解，从而获得有价值的亲身教育体验。

（2）对中层教育群体思想理论的强化。

教师之所以是中层教育群体，是因为他们肩负着教育目的的实现和教育任务的执行，没有他们的辛勤耕耘也就没有我国教育事业的振兴繁荣。教师是一个神圣的职业，每天都会与学生交往，站立于三尺讲台。首先，他们丝毫不缺少教学实践与教学体验，缺少的是良好的人格体验、创作体验与教育教学理论的更新。教师没有良好的人格体验，是因为在很多学校，都没有教师发言的机会，制度中处处充满着扣工资、通报批评、解聘、下岗等严厉的惩罚制度。让教师时刻谨言慎行，不敢有较大的发挥，这样怎能让教师在课堂中充满激情地讲课呢？怎样用自身的言行去陶冶学生的人格呢？没有民主自由意识与尊严的教师怎么能培养出具有民主自由意识与尊严的学生呢？其次，教师缺少重视创作体验与理论的学习。我们都知道实践是理论的源泉，又是检验理论正确与否的唯一标准。教师作为教学计划的执行者，拥有丰富的教学体验，对学生、对教师群体、对教学都有很深的了解。假如他们能把自己在教学体验中的感受通过自己的反思上升到教育理论层次，并以书面的形式表达出来，那么这将会成为很有价值的科研成果。所以，我们要强化教师在体验教育中的思想理论转变和创新。

（3）对基层教育群体思想理论的提升。

基层教育群体是文化水平参差不齐的群体，有的比教师的知识水平还要高，而有的近似于文盲。对于文化层次低的我们要想办法进行一种思想认识上的提升，可以通过开家长会和家访的方式进行。家长会可以让不同层次的家长在一起互相给出自己对孩子教育的方法体验，能够促进较低层次的家长获得经验。家访有利于教师与家长的沟通，更好地为孩子的教育达成一致的意见。我们在不同层次的家长中能够找到一个共同点，那就是他们的教育对象只是他们的后代，对自己的孩子有深入了解，因为家庭让他们有朝夕相处的共同环境，所以他们对自己孩子的了解比任何人都要多。因此我们要将家访和家长主动与教师的联系紧密结合，让家长把孩子成长过程中的教育体验说出来，这有利于教师对学生的个性化教育，形成家长和教师、家长和家长共同携手给孩子营造出健康成长的环境。

通过对以上教育者的思想的阐述，我们可以得出一个结论：无论是高层教育群体、中层教育群体还是下层教育群体，他们都有一个共同的指向，那就是进行教育理论的学习与建构，完成预期的教育目标。要顺利完成这一任务，首先，必须要有教育者在对未成年人教育实践中形成合力，将学生的体验教育向前推进，即各个教育群体之间用力要科学，不能产生反作用力。其次，就是要求教育者自身教育水平和教育理念的不断提升。形成合力就是指各个教育群体都要以未成年人的体验教育向健康向上的方向推进作为唯一的目标，充分利用学校、家庭、社会等一切有利于未成年人教育的现有条件，全力推进未成年人体验教育目标的实施，并最终顺利完成对未成年人的体验教育。要求教育者自身教育水平和教育理念的提升是为了更好地实现在对未成年人教育实施的过程中起到加速的推进作用。我们只有清楚地知道如何更好地教育自己，发展自己，才能知道如何更好地教育别人。我们应该善于表达自己，敢于表达自己，把自己的思想与自己的教育经验同别人分享。即便你是一名十分普通的教育者，你自己的思想体验对别人也会有所启示，激发他人产生新的思想。在提升自己素质的同时我们也应该做到对权威的挑战，不能过分相信权威。我国的教育之所以不能超越西方的教育的根本原因就是太崇尚权威。不是我们的教育者没有思想，而是我们忽视了我们自己的思想；不是西方的教育理论就是好的，而是我们太崇洋媚外。中国要想改变此局面，就应该从每一个教育者入手，立足自身，创新理论，真正做到“百家争鸣，百花齐放”。我们坚信只要有教育界的同心协力，中国的教育一定会有一个美好的未来。

2. 受教育者以体验学习为核心的理论建构

每当我们回忆过去的时候，以前的事情就如电影中的一个个片段闪现在我们的眼前，而闪现在我们眼前的并不是我们过去经历的所有事情，而是那些能引发我们的热情、震颤我们的心灵、引起我们的深深思考、对我们的人生的转折产生影响的事件。这就说明我们对过去回忆的长短取决于人生经历的丰富程度和人生体验的深刻程度。经历越是丰富，回忆越是长久，体验越是深刻，对当前社会的理解与思考，也就越成熟。由此可以说明体验教育的首要任务就是要丰富学生的体验，拓展学生的生活空间。体验是情感和事物相互作用的一种内化过程，而这一过程一般是从对事物的亲身感受开始的。在感受的基础上形成对事物的情感反应，反应的情感促进主体对事物进行深入的理解和产生丰富的联想，进而对事物产生领悟和生成意义，领悟和意义反过来又加深情感反应。所以体验的产生与体验者的亲身经历和外界诱因有关。由于体验具有亲历性的特点，因此，亲身经历和直接体验对于体验的形成具有特殊的意义，只有那些由个体亲身经历的事件才能深深印在个体的脑海中并引发个体的深刻的体验。主体获得亲身经历和感受的途径主要有感知、生活、活动三种直接途径。

（1）为学生创造丰富感知环境。

感知是人的感性知识的来源，个体只有对事物具有更多的感知，才会获得对事物更多的认知，并把这种认知通过自身理智的加工而成为理性知识。通过这种方式获得的理性知识要比其他的方式获得的理性知识要深刻得多，对个体的发展更具有长远的影响性。比如我们通过看电视、画册或者听别人给我们介绍丽江的美景，以间接的方式欣赏美景，并产生相应的审美体验，但这样获得的体验总不如亲自游览丽江所获得体验深切、鲜活、丰富、富有感染力。因此，要丰富学生的感知就要做到以下几点：①了解自然。作为教育者的父母和教师要经常带着孩子们到大自然中去，让孩子们了解自然中的一草一木、各种动物的名称以及它们对人类的意义，了解大自然的变化以及人类的行为对这种变化的影响，让他们意识到保护自然的重要性。②了解社会。了解社会的重要方式就是要参与社会生活，扮演社会角色，在这一点上家长要与学校通力配合，在家庭中，开展“今天我当家”等活动，要求学生从洗衣、做饭、搞卫生做起，这样便直接了解了生活，间接了解了社会。在学校中，开展“我当班主任”等活动，让学生参与维持教学秩序、组织班队活动、开展卫生大扫除以及组织纪律卫生评比等班主任日常事务性工作，让他们感受到班主任工作的艰辛，体会到工作的意义。在社会中，参与社区文化宣传、环境保护、秩序整治、社情调研、邻里关照等，通过这些措施来拓展学生的体验，丰富学生的感知。③了解自己。自我评价与相互评价是学生了解自身，增强自我意识的一条重要途径。在每次活动、考试结束后，教师或家长可让学生自我评价、相互评价，通过这种评价使学生了解自己的优点与不足，增强自我意识。

（2）为学生营造具有教育意义的生活。

生活是体验教育的原初环境，也是最真实的体验。任何活动都是在生活中形成的，主体只有拥有足够的生活时间，才可能有机会参与更多的活动，才具有更多的体验知识。而事实上，由于现实的教育过分强调学生知识的获得，过分强调以讲授为主的课堂教学，学生很少有足够的时间参与社会生活。也许有人会说，学生的主要任务就是学习知识，如果让学生过多参与社会生活，学生学习的时间不就减少了，学生成绩就会下降。生活与学习看似一对矛盾体，事实并非如此。

对于这个问题我们要辩证地看，即生活与学习是一个辩证统一的整体，没有生活中的实践活动，知识未必就是力量，我们培养的学生就会成为“知识的强者”“生活中的懦夫”。陶行知先生可以说是我国现代体验教育的先行者，他提出自己的生活教育理论，即“生活即教育”“社会即学校”是生活教育论的核心。陶行知指出：“生活教育是生活所原有、生活所自营、生活所必需的教育。教育的根本意义是生活之变化。生活无时不变，即生活无时不含教育的意义。”①

生活是人的生活，教育是人的教育，达到生活与教育的融合，也就完成了教育的终极指向。假如社会中的每个人都过着一种具有进步意义、教育意义的生活，那么这种生活就含有较大的教育意义，生活在这个社会中的每个人都会在社会生活中学到知识、得到进步和发展，同时也会觉得生活的美好和幸福。反之，生活则会成为悲剧的生活，教育也会成为空洞的理论。

（3）让学生在实践活动中体验。

马克思主义认为：实践是知识的源泉，实践也是检验真理的唯一标准。学生只有通过实践才能体验到知识的价值，只有通过实践才能丰富自身的情感与人生的体验。未成年人实践活动会受到其年龄的制约，但是我们还是要对他们实施与其年龄相适应的实践活动。他们的实践活动可以有以下几个方面：知识应用性实践、社会服务性实践、生产性实践。①知识应用性实践。由于传统的教育过分重视对知识的学习，忽视对知识的应用，造成学生眼高手低的局面，使学生在学习过程中感受不到知识给人类带来的价值，失去了对学习的兴趣。让他们能够更好地认识和理解认知的价值，我们可以让他们做一些与自己年龄和知识相适应的应用实践活动。例如，让掌握了一些生物学知识的学生，参与社区绿化植被的栽种及管理，学习了物理课电学知识的学生，在专业电工的指导下，参加社区线路安全和用电安全的监督和检查。让他们自己在实践活动中去理解知识的价值，认识学好知识的重要性。因而重视学生的知识应用性的实践是体验教育的一项重要任务，学校、家庭、社会都应当为学生创造应用知识的环境。②社会服务性实践。由于我们现在的青少年都是独生子女，在家庭中受到了太多的溺爱，一些学生连基本的家务都不会做，更谈不上具有服务社会的能力。因而希望我们的家长除了要培养学生一些基本生活能力外，要与学校、社会配合组织学生参加一些社会服务性实践活动，让他们在享受别人服务的同时，也去试着服务别人。树立青少年服务社会、帮助他人的奉献精神。③生产性实践，青少年是祖国的未来，是社会主义的建设者和接班人，应该多了解一些生产性的知识，参加一些力所能及的生产性活动。到工厂去了解生产过程中的辛劳，帮助工人叔叔做一些力所能及的事

① 陶行知：《教育论文集》，重庆民联书局 1946 年版，第 12～13 页。

情；下农村，了解如何种菜、种庄稼、养鱼、养鸡等基本的农业劳动，体验农民伯伯的辛劳，使青少年具备吃苦耐劳、艰苦奋斗的精神。

（二）体验教育的教师专业化建设

未成年人体验教育中教师起着关键性的作用，体验教育本质上是一种自主性教育，以学生主动在活动中学习并生成自己的知识，但是教师在整个体验教育中起着引导的作用，是对未成年人的人生观、价值观向社会主义核心价值观发展的领路人，也是培养我国社会主义接班人的关键一棒。为此，我们必须加强对未成年人体验教育中教师的专业化发展。

1. 教师专业化的界定

所谓教师专业化，是指教师职业具有自己独特的职业要求和职业条件，有专门的培养制度和管理制度。这是当代国际社会关于教师职业的专业特征和教师专业性发展的一种重要思潮，也是世界各国正在广泛开展的一场旨在推进教师教育和教师发展，提高教师声誉的建设性活动。

一般来说，教师专业化在目前可以从以下四个角度进行理解：

（1）从行为主体来看，是指教师职业同医生、律师等职业一样，具有本行业必备的专业结构和专业化标准，可以区分为追求达到教师专业化标准行为和实施教师专业化行为。前者可以理解为教师和实际教育者的个体行为，而后者则是由政府和教育主管部门在教师队伍建设方面开展的组织行为。

（2）从教师专业化的一般要求来看，可以概括为三个基本方面：教师所具备的知识和理论素养；教师的教育能力或教学实践能力；教师的道德修养及其在教学中的反映。

（3）从动态的角度来看，教师专业化是一个历史的动态的过程。意味着教师这一角色和专业化水平都是与时俱进的，其具体标准、实施办法是在不断的发展、变化之中的，教师本身为了适应新的变化和标准也在不断更新自己的观念。

（4）教师专业化是一种有关于教育和教师管理的不断发展、不断完善的制度，随着时代和社会的发展它本身必定会走向科学合理。

2. 制约教师专业化发展的因素

教师专业发展受着多种因素交互作用的影响，在不同的发展阶段，影响教师专业发展的因素各不相同。美国学者戴（Day）综合多种有关教师专业发展的文献，勾画出一个影响教师专业发展效果的因素图，如图 7-3 所示。

图 7-3 既包含了教师在专业上的发展阶段和教师个人的生命史，又包含了教师个人素质及专业发展活动本身的素质，还包含了来自教师之外甚至学校之外的教师专业活动之背景的影响，具体而言，可以分为以下几点：

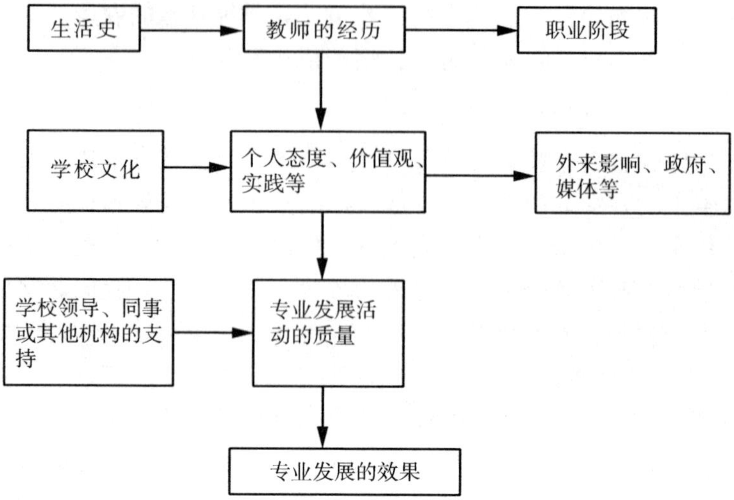

图 7-3

（1）个人因素。

主要包括家庭结构，家庭结构成员对教师工作的态度，教师个人的教育素养，知识结构，能力的高低，对教师这一职业的态度，自我专业发展的意识和需要，青年的价值倾向，教师社会地位与待遇的高低，等等。这些因素一般是进入师范前的因素。

（2）学校因素。

主要指成为学习型组织的学校中的校长、教师的民主管理风格，合作型教师文化，教师的形象，学生的角色、知识、专业化的发展，受教学环境、班级气氛、同辈团体、社团生活等多种因素交互作用形成的潜在课程的影响，等等。这些因素一般是指师范教育阶段的影响因素。

（3）社会因素。

主要指教师的社会地位和职业吸引力，教师的资格制度，教师的评价与培训制度，教师 任教后继续社会化，教师的社会地位，教师生活环境，等等。教师正是在与周围环境相互作用中获得其专业发展的，这些因素主要是指任教后的影响因素。

3．教师专业发展的模式建设

早在 1999 年召开的第三次全国教育工作会议便提出“国运兴衰，系于教育”，“高素质的教师队伍，是高质量教育的一个基本条件”，并要求“采取有效措施，大力加强教师队伍建设，不断优化队伍结构和提高队伍素质”。2001 年《国务院关于基础教育改革与发展的决定》再一次强调：“建设一直高素质的教师队伍是扎实推进素质教育的关键。”大力提高教师专业化水平，是建设高素质教师队伍的一项根本性举措。中央政府对教师专业化发展的重视，是整个教师专业化发展的有力保证。教师专业化的发展不仅仅是领导重视就能够顺利实现的，还需要政府和社会各界对教育和教师的关怀和支持，也需要建立科学合理的发展模式才能使我国的教师专业化健康快速地发展。体验教育的教师专业化发展是一种特殊的发展模式，我们对现在开展的体验教育实践进行了总结，得出了对于教师专业化发展的两个模式。

（1）学校培训模式。

学校培训模式，就是各中小学校围绕中小学生体验教育的特点制订适合自己学校教师发展的年度培训计划表。体验教育的教师在学校中，以校长为中心，认真完成个人的年度教育培训计划。而学校自己制订年度培训计划表要依据三个方面的因素，一是依据《中华人民共和国教师法》和《中小学教师职业道德规范》的相关规定；二是要遵循各省、市、县对当地的教师培训计划的规定；三是要结合每个教师的专业、教学任务、个性特点等因素。主要步骤如图 7-4 所示。

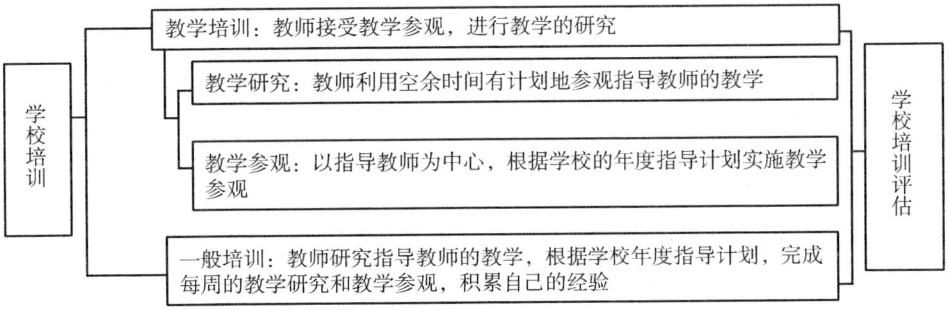

图 7-4

学校制订年度教育培训计划表，每个教师按照年度教育计划表的规定进行各自的教育培训；学校组织教师进行两个方面的培训，即教学参观和教学研究，而这两项是学校的每个教师都要参与的体验教学活动，真正做到教师之间取长补短，最终实现整个学校的教学水平的全面提升。对于教学参观和教学研究的内容是根据每个学校的特殊性和体验教学的独特性而定的，没有整齐划一的标准。也就需要每个学校结合自己的实际情况，因地制宜地设计自己学校的培训内容。

（2）社会培训模式。

前文的阵地建设中，我们在协会和基地中已经涉及了教师培训职能，但没有详细阐述，这里我们可以系统详尽地说明。教师的社会培训在整个教师培训中占有很重要的地位，对教师自身综合素质提高具有决定性的作用。

体验教育的社会教师培训的组织机构，主要是体验教育协会和体验教育基地。协会旨在对教师的理论、思想方面进行培训，而基地则是在实践方面全面地对教师进行体验教育培训。协会的培训方式就是交流会，通过交流会的形式，认真做好教师的思想、理论方面的培训，交流会上开展各省、市之间的教师互相探讨、互相学习，并且也开展体验教育的专家学者对教师的理论讲演。这会使整个教师的教学理论和教育思想有较强的提升和深化，从而使他们在我国未成年人体验教育的实践活动的开展中具有全面体统的教学理论知识和先进前沿的教育思想。

体验教育基地的教师培训是一种体验教学实践层面的培训，这是基于体验教育基地的作用和地位决定的，因为体验教育基地是实施未成年人体验教育的前沿阵地，具有很好的配套设施，有利于教师的体验教学培训的实施。体验教育基地的教师培训大致可以分为两个部分：一是开拓视野培训，二是提高专业培训。具体如图 7-5 所示。

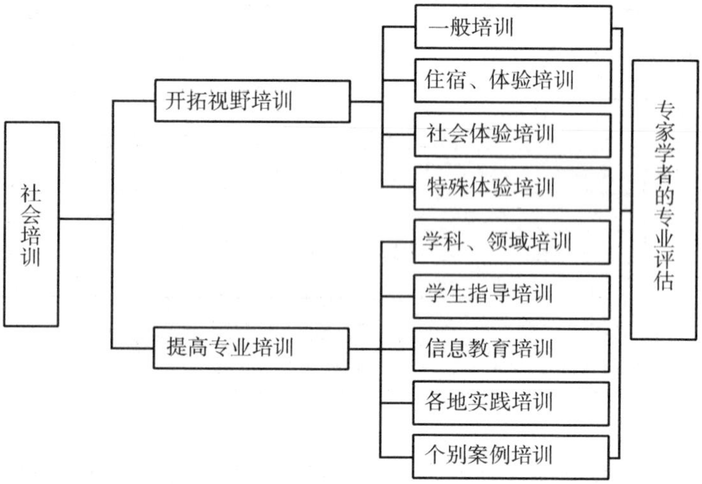

图 7-5

从图 7-5 我们可以看出，开拓视野培训部分主要包括一般培训，住宿、体验培训，社会体验培训，特殊体验培训等。这些培训只是教师作为个人生活经历的一种体验教育培训，目的旨在增加教师的个人生活经历，丰富和完善教师自己的生活经历和人生阅历，促进教师在体验活动中生成自己的知识。提高专业培训部分主要包括学科、领域培训，学生指导培训、信息教育培训、各地实践培训、个别案例培训等。而这些培训是对教师专业知识和专业技能的提升，较为全面地涉及教师专业发展的各项技能。而这些专业培训每一项都应该设计具体的指标，对培训进行量化和细化，最终由基地组织专家学者对每个教师的培训进行专业评估。

体验教育的队伍建设，我们一定要坚持走特色社会主义专业化发展的道路，并且还要将这一发展模式制度化，让其成为我国体验教育教师队伍建设行动指南。

第八章　体验教育的展望

长期以来，我国的教育从整体上说，就是应试教育，而所有的教育又都围绕着高考这根指挥棒来转。从高考一直延伸到小学甚至是幼儿园，都开始了死记硬背的“啃”书生涯，或者是不停地上补习班，为了竞赛名次学习奥数等。后来有了基于素质教育的减负，但事实证明，负负得正，没有减负，反而增加了负担。实际上，在我国有着尊重实践的传统。改革开放之后，我们又提出了时间是检验真理的唯一标准的理论，为实践的发展奠定了深厚的基础。一个又一个的时代佼佼者，都是靠自己的双手打拼出来的，他们创造了社会财富，推动了时代的进步。

在当代，我们倡导体验教育，一种以实践为中心和基础，但是超越了实践的教育模式。因此，转变教育观念是我们首要的任务。

一、建立体验教育价值观

体验教育的顺利开展，首先依赖于人们对它的认识。如果对它没有正确、完整的看法，不知其为何物，肯定是不能正确利用体验的教育价值的。从现时代教育的角度看，如何从单纯的实践教育和应试教育走出来，是一个重大的问题，转变观念则首当其冲。

（一）确立培养完整的人的教育目的观

“富有的人同时就是有完整的人的生命表现的人。”（马克思语）学会过美好的生活，使每一个学生都成为能够创造幸福生活的人，是完美教育的鹄的。因此，体验教育认为，教育最大的目的和价值就在于创造，保证儿童生命完整、自由地成长与发展。教育不仅应使人掌握将来在社会中求职、谋生的技能，更应该打开一条通向精神生活的道路。随着社会和人类的发展，人的生命存在和发展对于教育的需求也日益提高、丰富、广泛和深刻。教育对于生命不仅依然具有原始性的价值，而且具有提升人的生命价值和创造人的精神生命的意义，即对生命潜能开发和发展需要的满足，成了教育重要的基础性价值。

（二）客观知识让位于生命发展的课程观

受传统二元世界观的影响，课程纯粹成了承载知识的工具，被视作与目的、意义、价值无涉的且独立于学生个体之外的东西。这种单纯认知的课程观使学生的心智中塞满了分门别类的各种客观知识和经验，但是他却无法在学习中感受到幸福、体验到自我。人是具有内在潜能的生命整体，教育的真正使命就是要唤醒潜能、引出个体的精神生命和意义生命，实现生命境界的提升。体验教育不仅关注日后职业所需要的知识与技能，更关注学生在教育中的生命力量的绽放，生命情感的养育，生活信念的确立。在体验教育的框架下，课程的内容具有以下三个方面特点：

1. 确立动态生成的个体性与境域性的知识观

从生命体验的视角来审视课程，我们可以发现知识是一个动态生成的过程而非确定不变的封闭体系，它具有个体性、内在性和境域性。知识处在动态开放的系统之中，它会卷入个人的生命之流而不断发生着、变化着；而且，知识并不能精确地概括世界法则，不是拿来便用、一用就灵，而是需要针对具体情境进行再创造。体验教育的课程不仅关注科学知识，而且重视人文知识和社会知识，不仅使言传性知识进入课程，更为意会性知识创造空间。

2. 对象世界与意义世界的融合

体验教育的课程融对象世界与意义世界于一体。体验教育贯彻于文科课程，呈现给学生的就不只是字、词、句、段、篇的知识，听、说、读、写的技能技巧以及沟通交往的能力，它还呈现出人的精神、情感、志趣、态度、价值，让学生受到一种人性的、人文的、人情的教化，使学生整体的人格精神得以生长生成。体验教育贯彻于科学课程，不只是让学生认识各种各样的概念、术语、公式、定理，而且还让学生领悟到这些概念、术语、公式、定理背后蕴含的人在科学活动中表现出来的人的精神，比如科学意识、科学态度、科学情怀、科学理想以及科学伦理等等，使学生通过科学课程来孕育追求真善美的精神。

3. 学科世界与生活世界相整合

体验教育的课程将学科世界与生活世界相整合。这种课程以生活世界为基点，将学生丰富多彩的生活融入课程，把生活世界的东西提供给儿童去理解和体验，使学生的生命体验化为课程，而不是把事先规定好的学科知识让学生去接受，用概念化的东西掩盖学生的真实体验，从而使课程真正成为促进生命发展的平台。

（三）倡导以体验为核心的学习方式

"学习方式就是人的存在方式。"传统学习方式把学习建立在人的客体性、受动性、依赖性的一面上，从而导致人的主体性、能动性、独立性不断销蚀。体验教育以人的发展为本。为了使人的主体性、能动性、独立性不断生成、张扬、发展、提升，使学习成为一种发自内在的精神解放运动而不是一种异己的力量，体验教育倡导新的学习方式，即自主学习、体验学习和探究学习的学习方式。

自主学习（意义学习）是相对于被动学习（机械学习、他主学习）而言的，是指教学条件下的高质量的学习。概言之，自主学习强调学生学习目标的自主确定、对学习策略的积极思考、努力获取学习过程的良好情感体验和对认知获得进行自我监控与调适。所有的能有效地促进学生发展的学习，都一定是自主学习。大量的观察和研究充分证明：要促进学生的自主发展，就必须最大可能地创设让学生参与到自主学习中来的情境与氛围。

“体验学习”意味着学生亲自参与知识的建构，亲历过程并在过程中体验知识和体验情感。它的基本假设是：学生对知识的理解过程并不是一个“教师传授—学生聆听”的传递活动，学生获取知识的真实状况是学生在亲自研究、思索、想象中领悟知识，学生在探究知识中形成个人化的理解。探究学习，即从学科领域或现实社会生活中选择和确定研究主题，在教学中创设一种类似于学术（或科学）研究的情境，通过学生自主、独立地发现问题、实验、操作、调查、信息搜集与处理、表达与交流等探索活动，获得知识、技能，发展情感与态度，特别是探索精神和创新能力的发展的学习方式和学习过程。体验教育所倡导的以体验为核心的学习方式，旨在唤醒、开掘与提升学生的潜能，促进学生的自主发展；着眼于学生的全面成长，促进学生认知、情感、态度与技能等方面的和谐发展；关注学生的生活世界和独特需要，促进学生有特色的发展；关注学生终身学习的愿望和能力的形成，促进学生的可持续发展。

（四）多元化的教育评价

教育评价对教育的实施起着重要的导向和质量监控的作用。每个人的生命体验和生命历程不同，发展的道路也必然呈现出各自的特征，对生命差异性的尊重是教育人性化的根本要求。体验教育的评价关注生命的发展和存在意义，包容、重视差异，并允许有各具特色的行为和意义，其主要有以下四个方面的特征：一是在评价指导思想上，既重结果，又重过程；既重学科认知的发展水平，又重身心素质、非智力因素等的全面发展；既重当前阶段的发展，又重终身的可持续发展；既重在校的全面发展，又重在家庭和社会的发展；既重他人的评价，又重自我的评价。二是在评价内容上，不以评价指标去套学生，而以学生的发展为本，设计符合实际的评价内容；评价指标体系由严密趋向松散、由抽象趋向具体、由封闭趋向开放、由复杂趋向简约。三是在评价形式上，改单一的评价手段为多元的评价手段。对不同年龄阶段的、学习不同科目的学生，甚至同一学科的学生均可实行不同的评价形式。四是在评价的技巧上，减少同类评价结果的比较，减轻横向比较的心理负担；注重评价的个性，力图在评价中显示个性存在和发展的轨迹，并为这种存在和发展提供空间；注重评价中学生主体意识的培养与发挥，提倡学生自我评价、自我欣赏。

（五）建立民主平等的师生关系

师生关系是教育大厦得以建立的基石，理想的师生关系是良好教育的内在要求和当然要素。从某种意义上说，教育的全部意义包含在师生关系中，教育过程甚至可以看作师生关系形成和建立的动态过程。体验教育强调教与学的交往、互动，充分尊重学生的思想、情感、意志和行为方式，使学生能在轻松愉快的气氛下表现自己、表达自己的思想和情感。教师由教育中的主角转向“平等中的首席”，由传统的知识传授者转向现代的学生发展的促进者。可以说，创设基于师生交往的互动、互惠的教育关系，是体验教育师生关系建构的重要内容。

二、广泛开展体验教育

体验教育的开展要注意到群体的差异性，不能概而论之。特别是农村儿童群体、残疾儿童，还有在城市里的流动人口等。

（一）农村未成年人的体验教育

生在农村，长在农村，农村的孩子更容易接触到大自然，接触到新鲜的生活，但是农村的孩子又不能完全接触到外界的世界，体验外界的生活，所以给农村孩子创造机会，创造一定的环境，体验生活也是迫切需要的。

虽然是农村的孩子，但是了解农村，知道农作物的生长规律的学生越来越少，很多学生连一些基本的农作物都不能区分。学校大队部可以根据实际情况，抓住农村这个良好的环境，给学生创造多种可以体验的条件，为学生安排一定的农活，既减轻家长们的负担，又可以锻炼学生的身体，掌握一些农作物的生长规律，让学生了解到父辈们以土地为生，勤勤恳恳多么不容易。“谁知盘中餐，粒粒皆辛苦”，告诉学生一定要节约粮食，珍惜父辈们的劳动果实。

在活动安排上，可以体验的不少，比如给水稻除草。主要可以帮助学生区分水稻苗和婢草苗，并让学生学会如何在水田里拔草。在除草的过程中，请有经验的老农指点，要求比一比在最短的时间内，谁除的草最多，谁“承包”的田所剩的草最少。还有种植蔬菜。不管是农村的学生还是城市的学生，很多学生只知道蔬菜在饭桌上出现，却不知道蔬菜是如何生机盎然地长在泥土里，适逢种植时期，大队部就可以组织学生种植比赛，与《劳动与技术》一书相结合，包括种子点播的花生、蚕豆等，也包括幼苗移栽的蔬菜类等。

让农村学生参加农活，不仅让学生接触自然，掌握这些农作物的生长规律，到丰收时，让学生体会到，这份丰收，也有他们的努力、他们的汗水，体验的同时，还学到知识，掌握方法。

（二）残疾未成年人的体验教育

残疾儿童大致有两种：一种是智障，一种是肢残，但很多情况下是这两者都有。智障儿童大脑受到不同程度的损伤或先天发育障碍，导致了他们智力发展迟钝，记忆力差，缺乏自理能力，并且伴有言语或肢体上的障碍，有些地区残疾儿童的家长似乎很难参与对子女的教育活动，一者家庭子女多（一般一个残疾孩子，另生了一个孩子）无意顾及；二者有些家长本身就是残疾人，无法正常教育子女，对孩子的学习、成长不尽责任；更有的家长认为孩子受不受教育没什么关系，不愿让已受伤的孩子在生理、心理上再受什么苦，因此，对孩子往往是百般呵护甚至溺爱，学生的生活自理能力、社会适应能力的形成、发展受阻。

生存体验教育为残疾学生开辟了一条触及生活、触及社会、通向社会的通道，让学生在现实生活的交互作用下，形成了对自我、社会、自然、家庭的整体认识与体验。以“一切为了残疾学生的终身发展”为宗旨，以“智能与人格和谐发展，教给学生生存本领”为目标，培养智残学生具备健全的人格，平等参与社会生活的基本能力和竞争能力，适应未来社会的需要，最大限度地补偿其缺陷，发掘其潜能，使其掌握生活中实用的知识，形成基本的实用技能和必要的生活、劳动、生存习惯，为他们将来融入社会，参加力所能及的劳动，自立于社会或半自立于社会的生存意识和生存能力打下基础。

生存是保持生命的存在，生存体验是通过生存能力的实践，生存能力的培养对智障学生显得尤为重要和迫切。一方面，智障在不同程度上影响和制约着学生知识的获得和能力的形成；另一方面，知识经济时代科学技术迅猛发展，知识更新速度加快，社会竞争日益激烈，这对社会中的每一个成员都是挑战，对培智学校办学方向更是一个挑战。

生存体验教育是在现实的生活中或预设的环境中，以体验和实践为手段，以生活自理能力和社会实践能力为内容，克服障碍，让智障学生“学会生活、学会学习、学会交往、学会生存”的重大举措。因此，在新的形势和背景下，重视对残疾学生实施生存体验教育，为残疾学生融入主流社会，参与竞争及自强发展具有重要的现实意义。

（三）“流浪”中的未成年人的体验教育

之所以称其为“流浪”中的未成年人，是因为他们有的是家庭疏于管教或无法管教，有的是父母的特殊原因无法管教，还有的深受家庭的不利影响，在情感上有严重的缺失，所以在心灵上处于“流浪”的状态。

他们中有的生活艰难、中途辍学。相当部分流动家庭曾因借读赞助费太高导致孩子失学；特别是单亲或父母中有去世或服刑的家庭，生活条件普遍较差，经济困难不仅造成孩子中途辍学，有的甚至连生存条件都受到威胁，更谈不上家庭教育。有的抚养人素质不高，难以实施家教。流动家庭中，未成年人的家庭教育受到父母文化程度、教育观念和教育投入等方面的限制；父母外出打工的未成年人的代养人多为祖辈，据不完全的统计调查，78%的代养人只有小学文化程度，文化水平和教育能力较低，难以实施家庭教育。还有的情感缺失，人格发展受阻。由于流动儿童父母的社会地位低、住所不定，他们长期与父母分离，缺乏交流和沟通，父母服刑的子女因父母服刑带来强烈刺激和巨大落差，这些孩子从小就失爱、失教、失落，不同程度地存在着自卑、孤僻、抑郁、冷漠、嫉妒、逆反等心理或暴躁、攻击、逃学等行为，学业成绩差。不健康的人格和心理随着年龄的增长而发展，将有可能成为儿童产生反社会行为的重要原因，成为青少年犯罪的一大源头。

"流浪"儿童的教育成长问题需要全社会的关注、参与，齐抓共管。其中心问题是，运用体验教育的理论核心和方式、方法。妇联要充分发挥联系各界妇女的特殊作用，广泛开展"代理妈妈"活动，给予留守学生尤其是没有监护人的留守学生更具体的爱，组织留守母亲接受文化教育、健康教育和心理健康教育，提高她们的素质，更好地承担起对留守子女的抚养和教育的责任；共青团可组织留守儿童参加团（队）活动，培养留守儿童先进典型，组织城市儿童和留守儿童开展"手拉手、献爱心"等交流活动，增进友谊，共同成长；各级工委要发挥"五老"的优势和作用，积极参与留守儿童的教育工作，与有特殊困难和问题的留守儿童结对"一帮一""多帮一"对子，给予留守儿童更多的亲情和关爱。

三、建立体验教育的评价体系

有青少年教育专家指出建立体验教育的评价体系，是深入实施体验教育的重要环节。实施有效的评价和奖励，才能控制、把握和推进体验教育的实施过程，调动广大少年儿童、辅导员和基层少先队组织开展体验教育活动的积极性，并根据少年儿童、家长、辅导员和社会的反馈不断深化体验教育的内容，增强体验教育的效果。

体验教育开展的理念有三：一是推进学生对自我、社会和自然之间内在的整体认识与体验，谋求自我、社会与自然的和谐发展；二是坚持学生自主选择和主动探究，为学生的个性充分发展创造空间；三是面向学生的社会实践，帮助学生体验生活并学以致用。基于这些理念，体验教育的评价观应是以学生综合素质发展为中心的多元评价观。

（一）建立以学生发展为中心的评价体系

生态德育体验教育强调通过本校学生的需求进行科学的评估，充分利用当地社区和学校课程资源而开发多样性的、可供学生选择的课程内容。由于生态德育体验教育旨在发展学生的环保意识和综合素质，促进学生的动手实践能力的发展，而这其中的探究和创新意识、获得方法、锻炼能力、形成生活责任感和良好的环保习惯等指标是无法用一个统一的标准或简单的测试来衡量的，所以对每个学生在实践活动过程中的体验、收获及生成的关注，是衡量体验教育效果的主要内容，而由此形成的灵活多样的基于学生发展的形成性评价是体验教育评价的主要形式。

（二）坚持以自评和形成性评价为主的多元评价取向

生态德育体验教育非常强调将学生视为学习行为真正的主体，认为学生是活动过程的思考者、活动者、体验者、合作者和建构者，并注重活动过程中主体价值的多元化和个性化。因此，在生态德育体验教育的评价上必须超越传统的那种忽略中间过程而只注重目标取向的结果性评价。从评价的主体来看，生态德育体验教育的评价体系拥有完善的自主评价机制，把他评和自评有机结合起来，它强调的是以学生主体为取向，体现了学生实质性参与学习活动过程，注重不同的学生在认知、情感、态度和方法等方面实现多元化的体验，并最终实现个性的全面发展与人格的主动完善。

因为生态德育体验教育注重过程，追求学生在过程中的体验、收获，所以在评价的内涵上就特别强调课程实施的过程，以学生在独立或团队工作、计划设计、时间安排、结果表达、成果展示等方面的表现为评价的重点。在生态德育体验教育评价的实际操作中，要明确评价目的，重点从开题评价、中期评价和结题评价三方面着手，把评价贯穿于生态德育体验教育的全过程。开题评价要关注学生发现问题、提出问题、提出解决问题设想的意识和能力，促使学生以积极的姿态进入解决问题的过程中去。中期评价主要是检查研究计划的实施情况，研究资料积累的情况及研究过程中遇到的问题、困难和解决问题、克服困难的情况。结题评价主要对学生参与综合实践活动的全过程的情况、结果及成果展示等进行评价。

（三）提倡量化与质化评定整合的评价技术

学生在生态德育体验教育活动过程中，所涉及的不仅仅是最后记住了多少生态环保知识，更重要的是在活动中的情感的投入、态度的转变、方法的习得和生活的体验，这些变化要求在评价中得以充分的体现和确切的评定。那种光靠量化的方法或精确的数学方法来分析资料、把学生各方面的进步简化成几个僵化数字的做法，会将教育的复杂性和学习状况的丰富性泯灭其中，而丢失教育中最有意义、最根本的东西。但是，反之仅仅用定性的方法，又会出现同学之间、课题组之间不分你我，一部分滥竽充数者不劳而获，而贡献大的同学却因不公平待遇而丧失继续投入活动的热情。因此，走向量的研究与质的研究两者的整合是综合实践活动课评价技术的总趋势。在生态德育体验教育活动中，评价的量化要减少或者淡化，增加非量化的分量。比如学生在进行课题研究设计时，不同的学生对同一问题的设计可能不同，作为教师不能武断地认定某个设计的好或者坏，一切应该通过实验结果来验证。即使实验设计不正确，它也是有贡献的，因为它起码给自己和别人一个启示，从而有利于今后的进一步发展。

（四）采取以小组成绩为基础，兼顾个人，尝试学分制与等级制认定相结合的评价形式

小组合作学习是生态德育体验教育活动的基本组织形式和主要活动方式。所以，在体验教育评价中，要采取对小组的评价和对组内个人的评价相结合的方式，强调对小组的评价。在对小组评价的基础上根据个人的表现，给出个人成绩。在具体的实际操作中，通过对实施过程的各环节（学生自选课题的评审、课题组开题评审、结题评审等）进行评价，给出小组的基本学分。凡参加主题学习活动，参与课题研究，态度认真，并能完成基本任务的，都能获得此学分。在小组成绩的基础上，参考学生的具体表现，对小组成员实行等级评价。评定可分为四个等级：甲等学生在活动中能出色完成分担的任务，起到骨干作用，或其成果有创新意识，且实践能力比较突出。乙等学生能比较圆满地完成分担的任务，或者其成果虽不突出，但态度极其认真、主动。丙等是那些能够参加并完成自己分工的学生。丁等则是参加活动不积极或者没有完成分担任务的学生。

四、要注意的几个问题

（一）实践与体验的关系

一般而言，人的体验与一定的实践是分不开的，正是在这个意义上，辩证唯物主义认识论把实践看成认识的基础，这是毫无疑义的。但我们不能由此认为，人的所有体验都是与实践同步的，或者是在开始实践时就即刻产生。

在现实中，人的所有体验有的是与其实践同时产生的，有的是在实践之后或者多次实践之后才开始产生的。由于各自当时的条件、情境及活动的内容不同，人们在实践中产生的体验在程度上也有所不同。有的体验可能是深刻的，有的是肤浅的；有的是明确的，有的是模糊的；有的可能是多方面的，有的是单一的；等等。这说明，在实际生活中，有的人可能有某种实践的经历，但却没有有意识地体验（用身心有意识地去加以感受）。人的体验有时不能伴随相应的实践而产生，是与实践和体验这两者的相互区别有关。二者相比，实践更具有“活动着的”操作性特征，而体验则更有“以整个身心来感受”的特点，这种感受有时是即发性的，有时是迟发性的，有时是后发性的。有的体验可能稍显即逝，不具有明确性，是在以后有意识地回忆、再现、总结或反思的作用下才开始产生，逐渐

明确起来或深刻起来的。而这种体验一旦明确或深刻化，其实践的经历才能成为内在长久的、对自身活动起作用的意义系统，成为实践的成果（身心的感悟性）而反过来影响人看待生活、看待人生、看待实践等。实践与体验关系的这种状况，意味着未成年人思想道德教育中的实践体验，需要把握好这样几方面的问题：一是要重视实践与体验的互为性和互约性，在总体上坚持实践是体验的基础，注重通过实践产生体验、丰富体验、深化体验。离开实践就不会有一定的体验，不能丰富体验。二是针对实践与体验存在的不同步现象，要在实践体验的教育方式中，积极主动地通过各种方式（如日记、座谈、讨论或总结等）引导学生对所进行的实践进行有意识的体验。这不仅是因为实践与体验存在着不同步的现象，还因为有的青少年不是不愿意懂事，而是不善于体验，有的时候不使用整个身心去体验。三是针对人对实践体验具有片面与全面之别的现象，教育者要注意对学生体验的全面性进行引导和关注。忽视这些，就不能使学生的体验得到丰富和深化，提升自身的品位。

（二）强化积极体验，克服消极体验

人的实践体验具有积极和消极之分、肯定与否定之别。积极、肯定的实践体验会使人对合理的行为、合理的价值观和人生观产生认同或接纳；消极、否定的实践体验，往往导致人对合理的行为、合理的价值观或人生观的拒绝或排斥。人的一切实践体验，都是社会中的实践体验。社会的复杂性，决定了人的实践体验总是各有不同。其除了具有不同步的现象外，还常常带有性质上的不同。鉴于消极、否定的实践体验对合理的行为、合理的价值观和人生观具有排斥、拒绝作用，在引导学生进行实践体验的过程中，教育者就不应忽视对消极、否定的实践体验的转化和化解。这种转化和化解，需要教育者善于干预，加强和巩固学生自身积极或肯定的实践体验，使其不断发展壮大，成为影响学生自身发展的主导因素。在这一过程中，有这样几个问题需要把握好：一是要注意利用学生自身的两种因素。一个是对于学生自身积极肯定的实践体验，要注重不断强化和利用，使其成为抑制消极实践体验的有利基础。另一个是从学生消极的实践体验中寻找可供利用的积极因素，借助肯定、评价等方式使其不断成长壮大，从而化解消极的体验。二是在干预的过程中，引导学生意识到消极体验的误区、危害，或意识到导致消极体验的原因，为其化解消极体验创造前提。三是在注重调动学生内力的同时，不可忽视适当借助外力（外在于学生的各种积极因素和手段）的作用，来强化积极的实践体验，化解消极的实践体验。

（三）利用多种体验形式

人的体验作为心理现象，有着不同的表现形式。如情境性的直觉体验、形象性的联想体验、意识性的思维体验等。情境性的直觉体验是对实践的直接感知而迅速发生心理体验。它产生得比较迅速，但往往不是明显地意识到实践过程的道德准则，如有人遇到他人落水，在万分危机的情况下果断跳入水中，救起落水者。他当时所采取的行动，并不是清晰地意识到了某种道德准则，而是迅速感到危机情境所引起的直觉情感。形象性的联想体验，是人对现实中的善恶典型进行思考而产生的心理体验。人的体验，常常带有联想活动参与或伴随。借助联想力，人可以对以往的经历或相距一定时空的道德典型形象进行感知。道德心理学揭示，形象性的联想体验有两种表现：一是“情境—形象”联结。它使人体验到什么样的场合应有什么样的形象，对照道德形象而形成“该怎么”的指令；二是“形象—情境”联结，使人体验到某一道德情境中会是什么样，进而产生“会怎么”的情感。意识性的思维体验，是一种以清楚地意识道德观念或理论为中介的体验，有巨大的自觉性和概括性。它不仅概括着许多较具体的情感，而且把人的感性的实践经验和理性的认识结合在一起，对道德要求及意义有深刻的认识。以上三种体验具有不同的意义和特点，情境性的直觉体验源于人对一定情境的直接体验，形象性的联想体验是在他人生活和行为形象的基础上进行的，意识性的思维体验是经过较多具体情感、感性经验和理性认识分析综合而体现出来的。这些不同的体验形式，需要认真了解，在教育中恰当把握。既要重视它们各自的作用，又要注意它们的相互联系和相互影响，以便更好地增强实践体验的有效性。

参考文献

［1］中共中央 国务院关于进一步加强和改进未成年人思想道德建设的若干意见［N］．中国教育报，2004-03-23.

［2］中共中央 国务院．新时代爱国主义教育实施纲要［M］．北京：人民出版社，2019.

［3］中共中央 国务院．新时代公民道德建设实施纲要［Z］．2019.

［4］教育部．中小学教师职业道德规范［Z］．2008.

［5］中央精神文明建设指导委员会．关于深入学习实践社会主义荣辱观大力加强思想道德建设的意见［Z］．2006.

［6］中共中央关于教育体制改革的决定［Z］．1985.

［7］共青团中央，中共中央文献研究室．毛泽东 邓小平 江泽民论青少年和青少年工作［M］．北京：中央文献出版社，中国青年出版社，2000.

［8］刘惊铎．体验：道德教育的本体［J］．中国德育，2002（3）：20-21，27.

［9］沈健．体验性：作为学生主体参与的一个重要纬度［J］．中共宁波市委党校学报，2001（2）.

［10］李英．我国教育学者对体验问题的研究述评［J］．上海教育科研，2002（3）：36-39.

［11］李放滔．对体验教育的认识［J］．教育导刊：上半月，2004（15）：44.

［12］孙俊三．从经验的积累到生命的体验：论教学过程审美模式的构建［J］．教育研究，2001（2）：34-38.

［13］陈佑清．体验及其生成［J］．教育研究与实验，2002（2）：11-16.

［14］石欧，侯静敏．在过程中体验：从新课改关注情感体验价值谈起［J］．课程·教材·教法，2002，22（8）：10-13.

［15］李英．试析主体教育实验中的体验成功思想［J］．教育科学研究，2002（3）：15-17.

［16］石美萍．体验：道德教育之本真所在［J］．安徽教育学院学报，2005，23（1）：100-102.

[17] 关尚敏. "体验教育"的理论与实践研究 [J]. 现代中小学教育, 2001 (5): 57-60.
[18] 朱新梅. 论教育与教育学的主体建构性 [J]. 教育理论与实践, 2001 (9): 1-5.
[19] 冯颖艳. 走出"体验"的误区 [J]. 中国教育学刊, 2003 (6): 15-17.
[20] 韩淑萍. 体验: 教育生命维度的诠释 [J]. 现代教育科学 (高教研究), 2004 (6): 10-13.
[21] 陈旭远, 刘冬岩. 促进学生体验的教学策略 [J]. 中国教育学刊, 2004 (4): 48-51.
[22] 王攀峰. 论走向生活体验的教育研究 [J]. 江西教育科研, 2003 (8): 3-5.
[23] 周龙兴, 宋进喜. 体验的教育学意义与学习主体的确立 [J]. 上海教育科研, 2002 (4): 8-11.
[24] 陈家耀. 体验及其在学生主动发展中的作用 [J]. 重庆教育学院学报, 2004, 17 (1): 27-29.
[25] 周韫玉. 简论自我教育 [J]. 教育研究, 2000 (2): 42-46.
[26] 滕守尧. 审美心理描述 [M]. 成都: 四川人民出版社, 1998.
[27] 彭聃龄. 普通心理学 [M]. 北京: 北京师范大学出版社, 1996.
[28] 陈家琪. 经验之为经验 [M]. 北京: 社会科学文献出版社, 2000.
[29] 丹尼尔·夏克特. 找寻失去的自我 [M]. 高申春, 译. 长春: 吉林人民出版社, 2001.
[30] 费迪南·费尔曼. 生命哲学 [M]. 李健鸣, 译. 北京: 华夏出版社, 2000.
[31] 胡塞尔. 纯粹现象学通论 [M]. 李幼蒸, 译. 北京: 商务印书馆, 1996.
[32] 李其龙. 德国教学论流派 [M]. 西安: 陕西人民出版社, 1993.
[33] 陆有栓. 躁动的百年: 20 世纪的教育历程 [M]. 济南: 山东教育出版社, 1997.
[34] 尼·别尔嘉耶夫. 自我认识 [M]. 雷永生, 译. 桂林: 广西师范大学出版社, 2001.
[35] 施良方. 课程理论: 课程的基础原理与问题 [M]. 北京: 教育科学出版社, 2002.
[36] 孙传宏, 庞桂美. 现代教育原理 [M]. 香港: 香港天马图书有限公司, 2002.
[37] 孙培青. 中国教育史 [M]. 上海: 华东师范大学出版社, 1997.
[38] 姜文淑等. 陶行知论德育 [M]. 成都: 四川教育出版社, 1992.
[39] 南京师范大学教育系. 教育学 [M]. 北京: 人民教育出版社, 1984.

[40] 吴庆麟. 教育心理学 [M]. 北京：人民教育出版社，2001.
[41] 肖川. 主体性道德人格教育 [M]. 北京：北京师范大学出版社，2002.
[42] 约翰·亨利纽曼. 大学的理想 [M]. 徐辉，顾建新，何曙光，译. 杭州：浙江教育出版社，2001.
[43] 袁振国. 当代教育学 [M]. 北京：教育科学出版社，2002.
[44] 张华. 经验课程论 [M]. 上海：上海教育出版社，2000.
[45] 钟启泉，张华. 基础教育课程改革纲要（试行）[M]. 上海：华东师范大学出版社，2001.
[46] 邹进. 现代德国文化教育学 [M]. 太原：山西教育出版社，1992.

后　　记

在新形势下，我国广大青少年儿童的发展教育，应该是重中之重。未成年人体验教育是在政治体制改革和市场经济发展新形势下提出的新的课题，也是在总结共青团和少先队几十年优秀传统和基本经验的基础上提出来的全新话题。因此，实施未成年人体验教育对于我国广大青少年儿童在新的历史条件下更好地完成党和国家赋予的神圣使命，进一步加强青少年儿童的思想道德教育，推动青少年儿童教育理论的发展，有着积极的意义。

坦率地讲，摆放在读者诸君面前的这本《未成年人体验教育实践与探索》，是一部“群才群力”来完成的成果。所谓“群才群力”，自然包括我们这支编写队伍的精诚合作。现将全书初稿撰写的分工状况列示如次。第一、二章由李林编写，第三、四、五章由彭亮、李林编写，第六章由唐晓军、李友巍编写，第七、八章由李涛、李友巍编写。

所谓“群才群力”，也包括一些单位和个人在本书写作过程中提供的无私帮助和给予的大力支持。在此我们以鸣谢的方式将他们列明如下：湖北省委宣传部、湖北省教育考试院、湖北省社会科学院、湖北省图书馆、湖北省新闻出版广电局、湖北省教育科学研究院；湖北省委宣传部高天琼、湖北省教育考试院自学考试办公室王杰、湖北大学发展规划处罗超、湖北美术学院招生就业办刘锟、湖北工业大学发展规划处陈涛。上述各单位在我们查询资料时给予大力支持，各有关领导在我们对人员的调用和资料的调取等方面给予了指导和帮助，各有关工作人员在我们搜集有关资料和搜求相关信息时伸出了无私的援手。

我们以朋友的身份，对凡是本书征引过相关文字材料的书、文的著者们，凡是在本书编撰出版过程中提供过帮助的单位和个人，以及凡是阅读过本书的读者，尤其提出善意批评的人们，表示衷心的感谢。

编　者

2020 年 9 月 10 日